Christian Schmitt

Computerspiele: Fluch oder Segen?

Die Nutzer, die Gefahren,
die Lernpotentiale, der Umgang

Diplomica® Verlag GmbH

Schmitt, Christian: Computerspiele: Fluch oder Segen? Die Nutzer, die Gefahren, die Lernpotentiale, der Umgang, Hamburg, Diplomica Verlag GmbH 2011

ISBN: 978-3-8428-5495-6
Druck: Diplomica® Verlag GmbH, Hamburg, 2011

Bibliografische Information der Deutschen Nationalbibliothek:
Die Deutsche Nationalbibliothek verzeichnet diese Publikation in der Deutschen Nationalbibliografie; detaillierte bibliografische Daten sind im Internet über http://dnb.d-nb.de abrufbar.

Die digitale Ausgabe (eBook-Ausgabe) dieses Titels trägt die ISBN 978-3-8428-0495-1 und kann über den Handel oder den Verlag bezogen werden.

© Diplomica Verlag GmbH
http://www.diplomica-verlag.de, Hamburg 2011
Printed in Germany

Inhaltsverzeichnis

1. Einleitung

Digitale Bildschirmmedien sind aus dem heutigen Alltag nicht mehr weg zu denken. In praktisch jedem Haushalt befindet sich ein Zugang in Form eines Computers oder einer Spielkonsole. Wie jedes neue Medium wirft auch das der Video und Computerspiele Fragen auf, es schürt Ängste und Vorbehalte. In den Medienberichten der letzten Jahre erscheinen immer wieder erschreckende Meldungen, die mit der Nutzung von Computerspielen einhergehen.

Im Zuge der Suche nach Gründen für die in Deutschland und anderswo auf der Welt begangenen Amokläufe geraten Gewalt beinhaltende Computerspiele als Ursache von Gewalttaten in die Diskussion. Infolgedessen wird der auf den ehemaligen bayrischen Innenminister zurückgehenden Begriff „Killerspiele" etabliert (vgl. Beckstein in Zimmermann, Geißler, 2008 S. 25).

Nach dem Erscheinen des Multiplayer Onlinespiels „World of Warcraft" im Jahr 2005 und im Zuge der immensen Popularität des Titels, mehren sich die Berichte über ein neues Phänomen, das der Computerspielsucht[1].

Im Wesentlichen sind es die Diskussionen dieser negative Wirkungen der Computerspiele, die in den letzten 5 bis 10 Jahren deren Bild in der Öffentlichkeit bestimmen.

Das Genre der Computerspiele dagegen ist bereits an die 30 Jahre alt. Praktisch eine ganze Generation ist damit aufgewachsen. Wie Statistiken zeigen, spielt in Deutschland z.B fast jeder Jugendliche regelmäßig (vgl. Rathgeb, Feierabend 2009 S. 39). Es gibt wohl kaum jemand im Alter der 6-30jährigen der noch nie ein Computer-oder Videospiel ausprobiert hat. Deshalb und das soll später im Laufe der Arbeit noch deutlicher werden, besitzen Computerspiele eine hohe gesellschaftliche Relevanz. Es ist also entscheidend, wie wir mit diesem modernen Massenphänomen umzugehen gedenken. Bei Computerspielen handelt es sich um komplexe Medien die vielerlei Aufgaben und Szenarien beinhalten und infolgedessen auch vielerlei Lernpotentiale besitzen.

Die folgende Arbeit macht es sich zur Aufgabe das Phänomen der Computerspiele zu beschreiben, darzustellen und zu diskutieren. Zuerst einmal sollen die Gründe für die Faszination des Mediums beschrieben werden. Ausgehend von dieser Darstellung soll die Wirkung von Computerspielen beschrieben und diskutiert werden. Hiermit verbunden sind Fragestellungen wie der Interaktion und des Austauschs zwischen dem Medium Computer-

---

[1] Vgl. http://www.welt.de/politik/article1048919/Internetsucht_wird_zum_Massen_Phaenomen.html vom 23.07.2007, gesehen am 31. 03. 2010

spiel und dem Nutzer Mensch. Die Computerspielen nachgesagten negativen Wirkungen der Übertragung von spielerischer Gewalt des Mediums auf den Nutzer, sowie die Frage nach Möglichkeit von Sucht durch Computerspiele sollen dargestellt und diskutiert werden. Darüber hinaus sollen die Lernpotentiale und Möglichkeiten der Bearbeitung von Computerspielen veranschaulicht werden. Schließlich sollen pädagogische Konzepte, Informationsangebote und die Konsequenzen des Umgangs mit dem Medium Computerspiel dargestellt und erläutert werden.

Insgesamt erscheint es wichtig das Medium Computerspiel in seiner Komplexität gewissenhaft darzustellen. Computerspiele sind besser als ihr Ruf, in ihren vielfältigen Erscheinungsgestalten stehen sie ihren Nutzern in nichts nach. Deshalb scheint es wichtig, mit einem Blick auf das Phänomen zu schauen, der die Komplexität der Nutzer und des Mediums berücksichtigt. Computerspiele sind längst ein Teil der Populärkultur geworden. Für alle Pädagogisch arbeitenden Menschen ist es daher wichtig sich mit einem Teil der Lebensrealität moderner Kinder und Jugendlicher auseinander zu setzen.

Das Ziel dieser Arbeit ist es verschiedene Ebenen des Zugangs der Wirkung und Bearbeitung des Mediums anhand verschiedenster Fachliteratur bzw. wissenschaftlicher Erkenntnis darzustellen und zu diskutieren.

Kurzbeschreibung des Inhaltes der einzelnen Kapitel

Kapitel 2 Nutzungsmotive: In diesem Kapitel soll das Phänomen der Computerspiele beschrieben werden.Neben dem Ergründen der Motivation zu spielen, soll dargestellt werden wer spielt und was gespielt wird. Daneben widmet sich das Kapitel der Frage ob Computerspiele ein Kulturgut sind bzw. inwiefern sie in der Tradition des klassischen Spiels zu sehen sind.

Kapitel 3 Ansätze und Theorien der Medienwirkungsforschung: In diesem Kapitel werden verschiedene Theorien und Ansätze der Medienwirkungsforschung dargestellt und verglichen. Neben klassischen Theorien werden auch neurobiologische Ansätze vorgestellt. Schließlich wird mit dem Transfermodell ein aktuelles Modell zur Medienwirkung näher beschrieben und dargestellt.

Kapitel 4 Gewalt in Computerspielen: In diesem Kapitel wird versucht die Wirkung von Mediengewalt in Computerspielen zu untersuchen und zu beantworten. Neben Untersuchungen und Theorien, wird in diesem Kapitel die Faszination der virtuellen Gewalt dargestellt und ergründet. Es wird weiterhin näher darauf eingegangen, ob Gewalt beinhaltende

Computerspiele zur Empahiereduktion führen, bzw. ob das Schießen einer realen Waffe mit Hilfe von Computerspielen trainiert werden kann und ob die Nutzung von Gewalt beinhaltenden Computerspielen zur Ausübung realer Gewalt führt.

Kapitel 5 Computerspielsucht: In diesem Kapitel wird versucht der Frage nach der Computerspielsucht auf den Grund zu gehen. Hierzu wird das Phänomen der Onlinerollenspiele beschrieben, was die Anziehungskraft dieser ausmacht, was sie von gewöhnlichen Spielen unterscheidet etc. Weiterhin sollen in Konsequenz der Beantwortung und Erörterung des Phänomens bzw. der Begrifflichkeit Computerspielsucht, Behandlungskonzepte und Möglichkeiten aufgezeigt werden.

Kapitel 6 Lernpotentiale von Computerspielen: In diesem Kapitel werden die positiven Wirkungen der Computerspiele beschrieben. Die Frage des positiven Umgangs und der Ver und Bearbeitung der Computerspielinhalte wird mit einer Darstellung von Edutainment, Serious Games und Machinimas vorgenommen werden.

Kapitel 7 Pädagogische Konzepte und Ideen: In diesem Kapitel werden verschiedene pädagogische Projekte und Informationsangebote über Computerspiele vorgestellt. Es wird weiterhin der Frage nachgegangen, welche Konsequenzen im Umgang mit Computerspielen erfolgen sollten.

2.   Die Nutzungsmotive für Computerspiele

Damit später die zentralen Fragen dieses Buches nach den negativen und positiven bzw. generellen Wirkungen von Computerspielen beantwortet werden können, soll zunächst die Rezeption dieses Mediums behandelt werden. Dies beinhaltet Fragestellungen wie: Warum spielen Menschen Computerspiele und welche Menschen sind das? Warum spielen wir überhaupt? Sind Computerspiele überhaupt Spiele? Bzw. sind Computerspiele ein Kulturgut?

2.1   Beschreibungen der Genres

In diesem Abschnitt soll kurz beschrieben werden, welche Computerspielgenres existieren. Dies soll dabei helfen die im Folgenden genannten Genres besser einzuordnen. Die Beschreibung orientiert sich an den Kriterien des deutschen Altersfreigabesystems USK (Unterhaltungssoftwareselbstkontrolle).

Adventure bzw. klassisches Point and Click Adventure: Der Spieler steuert eine Figur mit der Maus durch eine Geschichte. Dabei gilt es immer wieder Rätsel zu lösen, meist mit Hilfe von Gegenständen, die im Inventar abgelegt werden können. Das zweite dominierende Spielelement ist das Führen von Dialogen mit Nichtspielerfiguren.

Aktion Adventure: Der Spieler steuert eine Figur direkt über die Tastatur. Neben Rätsel und Sprungeinlagen steht Aktion in Form von Kampf im Vordergrund.

Denkspiel: Bei dieser meist in 2D präsentierten Spielvariante müssen Denkaufgaben gelöst werden, wie zum Beispiel beim Spiel Tetris.

Jump`n Run: Der Spieler steuert eine Figur hüpfend und springend durch Levels. Der Fokus liegt hierbei auf Geschicklichkeit.

Rollenspiel: Der Spieler übernimmt die Rolle einer oder mehrerer Spielfiguren. Im Laufe des Erlebens einer Geschichte muss er vier Dinge tun: Aufgaben für Computerfiguren erledigen (wovon viele auf kämpfen hinauslaufen), Rätsel lösen, den Charakter mit Gegenständen und Werten ausbauen und mit Computergesteuerten Spielfiguren Interagieren.

MMORPG Massivly Mutiplayer Rollenspiel: Ein Spieler steuert eine Spielfigur durch eine Onlinewelt und interagiert dort mit computergesteuerten Figuren, aber auch mit richtigen Spielern. Er baut wie in dem klassischen Solo Rollenspiel seinen Charakter aus. (eine detailliertere Beschreibung findet sich in Kapitel 5 Computerspielsucht das sich hauptsächlich mit diesem Genre auseinandersetzt).

<u>Aktionspiele bzw. Shooter</u>: Der Spieler steuert eine Figur entweder durch die Ego Perspektive (aus der Sicht der Figur) oder Third Person Perspektive (aus der Sicht hinter der Figur) durch Levels. Deshalb spricht man in diesem Zusammenhang auch oft von Ego-oder Third-Person-Spielen. Die Aufgabe ist es meist sich mit Gewalt der computergesteuerten Gegner in Form von schießen oder schlagen zu erwehren. Daneben können Hüpf oder Rätseleinlagen die Kampf orientierte Spielmechanik auflockern.

<u>Simulation oder Managementspiel</u>: Hierbei muss der Spieler beispielsweise entweder ein Unternehmen managen oder einen Mähdrescher oder ein U-boot steuern. Bestimmte Aspekte der Realität sollen simuliert werden.

<u>Sportspiel</u>: Simulation bzw. Darstellung von in der Realität vorhandenen Sportarten. Je nach Fokus geht es um eine realistische Abbildung oder einfache Steuerung.

<u>Strategiespiele</u>: Der Spieler muss meist in Vogelperspektive mit der Maus Städte aufbauen und oder Armeen in kriegerischen Auseinandersetzungen befehligen. Hierbei unterscheidet man zwischen dem Fokus (Aufbaugenre) und oder der Spielweise (Echtzeit oder Rundenstrategie). In Aufbaustrategiespielen muss der Spieler sich meist um die Errichtung einer ganzen Stadt kümmern, um dann eventuell mit einer Armee gegen andere Spieler vorzugehen. Bei Echtzeit-oder Rundenstrategie baut der Spieler (wenn überhaupt) nur eine kleine Basis aus, um eine Armee zu produzieren und dann mit ihr den Kampf zu ziehen; dieser ist der Hauptbestandteil des Spiels.

2.2 Computerspiele als Spielzeug

Bevor der zentralen Frage nach den Nutzungsmotiven nachgegangen wird, soll zuerst einmal das Medium Computerspiel näher betrachtet werden.

Spiele im klassischen Sinne der Spieltheorie zeichnen sich laut Ulrich Wechselberger durch Freiheit, Scheinhaftigkeit und eine Geschlossenheit bzw. eines Rahmens um das Spiel aus (vgl. Wechselberger in Bevc Zapf 2009 S. 97). Das Spiel muss deutlich als Spiel zu erkennen sein in Form des Rahmens der das Spielgeschehen von der Wirklichkeit (als eigene Spielwirklichkeit) abgrenzt (vgl. Weiß in Bevc Zapf S.61 in Bezug auf Scheurl). Die Abgrenzung der Spielrealität zur Wirklichkeit bezieht sich nicht nur auf die Wahrnehmung des Spiels als Spiel, sondern auch auf eine klare Wahrnehmung von Raum und in

Zeit, in denen das Spiel stattfindet (vgl. Wiemken[2] 2001). Weiterhin gibt es im Spiel klare Regeln und Vereinbarungen, mit denen der Inhalt des Spiels definiert ist (vgl. ebenda).

Der Verlauf des Spiels ist dabei oft ungewiss und nicht festgelegt. Spielen ist in der Abgrenzung zur Arbeit unproduktiv, was nicht bedeuten muss, dass kein Produkt in Form eines Lerneffekts entstehen kann. Spiel steht in dieser Abgrenzung zur Arbeit viel eher für Spaß (vgl. ebenda).

All diese Voraussetzungen, die für ein Spiel wie Ballwerfen gelten, treffen ebenso auf Computerspiele zu. Auch beim Computerspielen existieren klare Regeln, die hier vom Spiel selbst vorgegeben werden. Das Spielen findet in einem zeitlich abgegrenzten Rahmen statt. Es ist deutlich als Spiel und damit auch als Spielwirklichkeit erkennbar, deutlicher sogar als das bei offeneren Spielen, wie es beispielsweise bei einigen Rollenspielen der Fall ist, weil diese durch den Spieler erst hergestellt werden müssen (vgl. Köhler, 2008 S. 113). Im Medium Computerspiel existieren sowohl Spiele, die vom Verlauf klar festgelegt sind z. B. diverse Ego-Shooter, als auch solche die sehr offen gehalten sind wie z. B. Aufbauspiele. Das Computerspielen ist ebenso wie jede andere Spielform unproduktiv, besitzt aber ebenfalls Elemente, die zu dem Produkt des Lernens führen können (vgl. Wiemken 2001[3]), wie im Kapitel 6 Lernpotentiale noch deutlicher werden soll.

Neben diesen Voraussetzungen unterscheiden einige Spielforscher zwischen zwei Spielformen, „Game" und „Play". Dabei steht „Play" für etwas offenere Spiele, wie z.B. Hüpfen oder Prinzessin spielen. Diese Spiele besitzen durchaus Regeln, allerdings sind sie in ihrer Struktur offener. Es gibt kein klar zu erkennendes Ende. (vgl. Weiß in Bevc Zapf . 2009 51). „Game" Spiele sind dagegen durch Regeln im Umfang abgegrenzt wie z.B ein Schachspiel. Ein weiterer wesentlicher Unterschied zwischen beiden Formen besteht in der Tatsache, dass es bei „Game" immer einen Gewinner und Verlierer gibt, oder etwas vergleichbares wie eine Highscore (vgl. Weiß in Bevc Zapf 2009 S.51). Weiterhin erfordern „Game"-Spiele im klassischen Sinne immer mehrere Mitspieler, während „Play" Spiele, wie z.B. das Spiel mit einer Puppe, auch von einer Person allein betrieben werden können (vgl. Wechselberger in Bevc Zapf 2009 S. 97).

---

[2]   http://snp.bpb.de/referate/wiespie.htm gesehen am 01.03.2010
[3]   http://snp.bpb.de/referate/wiespie.htm gesehen am 02.03.2010

Computerspiele besitzen sowohl Elemente von „Game" und „Play". Eine eher offen ange-
legte Wirtschaftssimulation besitzt gewisse Rahmenregeln, ist aber offen in ihrem Verlauf
beinhaltet zudem kreative Elemente und besitzt in Form des Endlosspiels nicht immer ein
eindeutiges Ende. Dagegen stehen Spiele, wie z. B. Adventures, die neben einer zu verfol-
genden Geschichte einen klaren Verlauf besitzen, der trotz möglicher unterschiedlicher
Wege dahin doch zu einem deutlich zu erkennenden Ende führt, meist in Form eines Ab-
spanns. Neben den Vorgaben der Spiele liegt es jedoch auch am Spieler ob er bei Spielen
mit mehreren Lösungsmöglichkeiten eher „Play" oder „Game" orientiert vorgeht. Der
„Game"-orientierte Spieler wird versuchen das Spiel schnell und so gut wie möglich zu
gewinnen. Ist er eher „Play"-orientiert wird er die verschiedenen sich ihm bietenden Möglichkeiten zu versuchen (vgl. Weiß in Bevc Zapf 2009 S. 62).
Bei Bildschirmspielen handelt es sich also sehr wohl um Spiele. Trotz der Tatsache, dass
sie alle Voraussetzungen für diese Definition erfüllen, nehmen sie dennoch eine Sonderrol-
le ein. Denn bei Computerspielen ist der Interaktionspartner eine Maschine. (Anm. Die
Maschine ist der primäre Interaktionspartner, beim gemeinsamen Spiel sind es natürlich
auch die Mitspieler). Diese Maschine gibt die Spielregeln vor, organisiert die Spielrealität
und besitzt die Möglichkeit dynamisch und unmittelbar auf das Wirken des Spielers zu
reagieren (vgl. Wechselberger in Bevc Zapf 2009 S. 98). Der Spielplatz und Partner Maschine stellt somit die Ludulogie vor ganz neue Herausforderungen, ermöglicht aber auch
neue Perspektiven auf die Realität (vgl. Weiß in Bevc Zapf S. 54-63).

Im Gegensatz zu gewöhnlichem Spielzeug handelt es sich beim Bildschirmspiel um ein
virtuelles Medium. Köhler bezeichnet bezogen auf Klimmt, die Interaktivität des Computerspiels als Hauptunterschied zu anderen Medien. Der Unterschied äußert sich durch drei
Ebenen im Unterhaltungserleben.

1. Die Mensch-Computer-Interaktion: In Bezug auf die direkte Rückmeldung des Computers

2. Die partielle Autonomie des Computersystems: Das Spiel stellt nicht ausschließlich
Handlungsnotwendigkeiten zur Verfügung, sondern der Spieler sieht sich vor Handlungsmöglichkeiten die von ihm gelöst werden müssen

3. Simulation realer Zusammenhänge: Durch die Interaktivität wird die Erfahrung persön-
licher als bei der passiven Rezeption (vgl. Köhler, 2008 S.118)
Computerspiele sind also Spiele (bzw. Medien), aber aufgrund der genannten Faktoren
handelt es sich um eine neue Form des Spielens (vgl. Köhler, 2008 S. 105)

2.3 Die Funktionen des Spiels (Exkurs in die Spieltheorie)

In diesem Abschnitt soll nun der Frage nachgegangen oder nahe gekommen werden warum Menschen überhaupt spielen. Warum benötigen wir das Spiel?

Die Spieltheorie kann dafür, auch wenn sie sich nicht im speziellen auf das Computerspiel bezieht, hierzu einige generelle Antworten liefern.

Wie in Abschnitt 2.1 bereits angedeutet, ist Spiel im Gegensatz zu Arbeit zu sehen. Hierbei handelt es sich um eine freiwillig gewählte Tätigkeit, die durch Spannungssuche getragen wird, bei der frei vom Zeitdruck eine phantasievolle und kreative Auseinandersetzung mit der Umwelt stattfindet (vgl. Mogel 2008, S. 4).

Mogel unterscheidet 8 Funktionen des Spiels.

1. Das Spiel dient der Adaption: Im Spiel wird ein bestimmtes Verhalten und bestimmte Handlungsoptionen eingeübt. Somit dient das Spiel sowohl der physischen wie psychischen Anpassung an die Umwelt und an die Anforderungen des menschlichen Lebens.

2. Das Spiel dient der Erkenntnis: Das Ziel oder die Folge des Spiels dient dem Erwerb von Kompetenzen, selbst das Regelspiel führt zu einer Erweiterung der kognitiven Kompetenz.

3. Das Spiel dient der Selbsterweiterung: Bei Spielen kommt es zu Erlebnissen; Mogel spricht in diesem Zusammenhang auch von Erlebniserweiterung.

4. Das Spiel dient der Optimierung der eigenen Aktivität: Das Spiel ist durch die Aktivierung des Selbst eine stimulationsproduzierende Tätigkeit.

5. Das Spiel dient der Schaffung von Ordnung: Ordnungsbildung im Sinne von Raum- und Zeitregulation. Ordnungen im Bereich der mentalen Repräsentationen.

6. Das Spiel dient dem Aufbau und Ausbau des Sozialverhaltens: Die soziale Funktion des Spiels besteht in der Interaktivität zwischen mehreren beteiligten Personen, somit wird auch der Umgang und das Verhalten anderer Menschen gegenüber gefördert

7. Das Spiel dient dem förderlichen positiven Emotionserleben: Erlebnisse sowohl positive als auch negative (vor allem das Lernen von Vermeidung und Bewältigung dieser) dienen dem positiven Emotionserleben

8. Das Spiel dient der Psychohygiene: In Form von Spannungsabbau in Bezug auf

Freud, und in Form einer Beherrschung der Realtität in Bezug auf Erikson, hat es eine psychohygienische Funktion (vgl. Mogel, 2008. S.130-136)

Kyriakidis beschreibt in Bezug auf Brian Sutton Smith, dass das Spiel ein Modell sei, welches ein Problem der Anpassung darstellt. Dass also unabhängig von der Konsequenz von Erfolg oder Misserfolg im Spiel die Probleme des Lebens erprobt werden können. In dieser Konsequenz dient das Spiel also zur Bewältigung von Konfliktsituationen (vgl. Kyriakidis, 2005 S. 39). Das geschützte Umfeld des Spielens bietet aber noch eine Fülle von weiteren Erprobungsmöglichkeiten wie z.B Rollen oder Identitäten. Weil Spiele viele Merkmale der Kultur enthalten wie Macht und Ordnung, dienen sie in der Kindheit und Entwicklung der Vorbereitung auf das Erwachsenenleben, indem sie durch Vorwegnahme Verständnis für Lebensproblematik ermöglichen (vgl Kyriakidis, 2005 S. 39-42).

Der Spieleforscher Jürgen Fritz bezeichnet Computerspiele deshalb als „Sozialisations-agenten". „Die Bildschirmspiele tragen essentielle Strukturmerkmale dieser Gesellschaft in sich und geben sie an die nachfolgende Generation weiter, die sie sich spielerisch aneignet: durch miteinander verbundene Regelkreise des Frusts und der Lust, die in der Lage sind, die Energie in den Spielenden freizusetzen"(vgl. Fritz 1995[4]) bzw. (Köhler 2008 S.111)

Spiele bieten also vielfältige Möglichkeiten der Auseinandersetzung mit der Realität, des Erprobens von verschiedenen in der Welt vorhandenen und für das Leben benötigten Verhaltensweisen und des Erlernens für die Realitätsbewältigung benötigter Fähigkeiten. Deshalb spielen Menschen und deshalb ist es wie eben beschrieben auch so wichtig zu spielen (vgl. Fritz, 1995, S. 38).

---

[4] http://snp.bpb.de/referate/fritzfzt.htm gesehen am 02.03.2010

2.4   Computerspiele als Kulturgut

Bildschirmspiele sind ein relativ neues Medium. Erst als vor ca. 15-20 Jahren die Heim-computer in die Haushalte Einzug hielten, fanden auch die Computerspiele eine weitläufi-ge Verbreitung. „ Der Computer ist wohl unbestrittener Vertreter einer Technologie, die das Leben aller Menschen in der so genannten ersten Welt wesentlich verändert hat und verän-dert" (vgl. Lischka, 2002 136). Somit sind Computerspiele das moderne Medium über-haupt. Der Begriff Kultur bedeutet übersetzt soviel wie die „Gesamtheit der geistigen, materiellen und sozialen Leistungen eines Volkes oder einer Völkergemeinschaft" (vgl. Langenscheidts Fremdwörterlexikon [5]). Somit sind Computerspiele aufgrund des Begriffs auch ein Kulturgut. Schon immer gab es aber eine Unterscheidung zwischen High und Low Culture (vgl. Lischka, 2002 S. 136). Hochkultur im Gegensatz zur Populär oder Alltagskultur. Mit diesen Begrifflichkeiten verbunden war auch immer die Frage nach der Anerkennung einer Kulturform. So gab es Ende des achtzehnten bzw. Mitte des neunzehn-ten Jahrhunderts aufgrund einer weitläufigen Verbreitung von so genannten „Groschenro-manen" eine Debatte, in der von einer Lesesucht gesprochen wurde. Das Lesen von Bü-chern ist heute das Nonplusultra der Hochkultur. Damals jedoch befürchtete man körperli-che Verwahrlosung beim Konsum von Büchern und der damit verbunden trägen Körpertä-tigkeit (vgl. Rogge in Poppelreuther, Gross 2000 S. 258). Weiterhin entbrannte bereits Ende des neunzehnten Jahrhunderts eine Debatte über den Zusammenhang der Jugendge-walt und dem Medium Heftroman (vgl. Kutner Olson, 2008 S. 34). Als in der ersten Hälfte des zwanzigsten Jahrhundert das Fernsehen zu einem Massenphänomen wurde, flammte die Diskussion von neuem auf. Dasselbe geschah mit Videofilmen, Kinofilmen, oder Comics (vgl. Kutner und Olson S. 48-54) bzw. (Rogge in Poppelreuther, Gross 2000 S.234). Wie die Geschichte zeigt, wurde immer das jeweils neue Kultur tragende Medium von der Hochkultur mit Argwohn beäugt und zuerst diffamiert, bevor es seine Anerken-nung fand. (vgl Witting, 2007 S.9)

Mittlerweile sind Computerspiele neben der Filmindustrie der größte Produzent der Kultur-industrie. Der Umsatz lag z.B. 2008 in Deutschland bereits bei 1,7 Milliarden Euro (vgl. Griefahn, in Zimmermann Geißler, 2008 S. 118). Große Produktionen liegen mit über 10. Millionen Euro über den Produktionsaufwendungen für Hollywoodfilme (vgl. Rahmen in Zimmermann Geißler, 2008 S. 101). Die wirtschaftliche Bedeutung ist also nicht zu unter-

---

[5]   http://services.langenscheidt.de/fremdwb/fremdwb.html gesehen am 03.03.2010

schätzen.

Trotz der hohen Verbreitung und der damit verbunden kulturellen Bedeutung, dauerte es wegen vielfältiger, auch in dieser Arbeit behandelten Kontroversen recht lange bis Computerspiele offiziell als Kulturgut anerkannt wurden. Im Jahr 2007 erkannte die renommierte US Libary of Congress Videospiele zu einem wertvollen Kulturgut an (vgl. Bäßler in Zimmermann Geißler, 2008 S. 109). In Deutschland entbrannte die Debatte um die Anerkennung der Computerspiele im Februar 2008 vollends, mit einem als Provokation formulierten Zitat des Geschäftsführers des deutschen Kulturrates Olaf Zimmermann.

„Bei der Debatte um Gewalt in Computerspielen darf aber nicht über das Ziel hinausgeschossen werden. Erwachsene müssen das Recht haben, sich im Rahmen der gesetzlichen Bestimmungen auch Geschmacklosigkeiten oder Schund anzusehen bzw. entsprechende Spiele zu spielen. Die Meinungsfreiheit und die Kunstfreiheit gehören zu den im Grundgesetz verankerten Grundrechten. Die Kunstfreiheit ist nicht an die Qualität des Werkes gebunden. Kunstfreiheit gilt auch für Computerspiele." (vgl. Schulz in Zimmermann Geißler, 2008 S. 9).

Dem vorausgegangen waren Jahre lange Versuche von Computerspielindustrie und Politik (vor allem von den Grünen) die gesellschaftliche Anerkennung des Mediums herbei zu führen.

Im Herbst 2008 beschloss der Bundestag einen von Abgeordneten der CDU/CSU und SPD Fraktion eingebrachten Antrag der die Prämisse beinhaltete, wertvolle Computerspiele zu fördern und die Medienkompetenz zu stärken[6].

Dies mündete in die Ausschreibung und Durchführung des Deutschen Computerspielpreises, der von Bund und Vertretern der Computerspielindustrie gemeinsam getragen wird.

Der mit 600.000 Euro dotierte Preis wurde erstmals am 31.03.09 von Kulturstaatsminister Bernd Neumann in München verliehen[7]

Am 17.08.2009 verkündete der Deutsche Kulturrat in einer Pressemitteilung erstmals die offizielle Anerkennung von Computerspielen als Kulturgut[8].

Im Zuge des eben beschriebenen Gesetzes kommt es ähnlich wie bei Filmen zu einer Förderung von wertvollen Computerspielen. Die Grundidee dahinter ist die Wertschätzung des Mediums Bildschirmspiel im Gegensatz zur Zensur (vgl. Behrmann in Zimmermann

---

[6] http://dip21.bundestag.de/dip21/btd/16/080/1608033.pdf gesehen am 03.03.2010
[7] http://www.deutschercomputerspielpreis.de/43.0.html gesehen am 03.03.2010
[8] http://www.kulturrat.de/detail.php?detail=1630&rubrik=72 gesehen am 03.03.201

Geißler S. 124). Kriterien die ein Spiel im Rahmen des Computerspielpreises erfüllen muss, sind technische und künstlerische Hochwertigkeit, sowie die Voraussetzung für die Bezeichnung der künstlerischen wie pädagogischen Hochwertigkeit.[9]

Somit übernehmen Staat und Gesellschaft durch diese gezielte Förderung Verantwortung für die Qualität des Mediums Computerspiele.

Die Konsequenzen, die aus der Anerkennung erfolgen sind mit Sicherheit noch nicht abzusehen. Denn Computerspiele sind ein sich schnell veränderndes Medium. Ältere Spiele können nur auf alten Computersystemen dargestellt werden. Eben aufgrund der dieser schnell verändernden Technik stellen sich Fragen nach Konservierung, Bewahrung und Wertschätzung von älteren Computerspielen nicht nur aus historischen Gründen, sondern auch unter dem Gesichtspunktes des Kunstbegriffs (vgl. Lischka 2002, S. 144-146.). Ebenfalls noch offen ist, wie sich das Angebot der Computerspiele in den folgenden Jahren durch die gesellschaftliche Legitimierung und Förderung des Mediums verändern wird. Was die Anerkennung der Computerspiele als Kulturgut aber auf jeden Fall bewirkt haben dürfte, ist eine vielfältige Auseinandersetzung breiter Schichten und Professionen mit ihnen.

2.5 Nutzerstruktur

Um die gesellschaftliche Relevanz des Themas darstellen zu können, empfiehlt es sich einen Blick auf die Erhebungen zur Computerspielnutzung zu werfen. Ohne eine ausführliche Analyse der Nutzungsergebnisse vornehmen zu wollen, soll die Relevanz der des Computerspielens anhand dieser Zahlen dargestellt werden.

Einen guten Einblick in das Phänomen bieten die Zahlen der aktuellen JIM (Jugend Information Multimedia) Studie des Medien-pädagogischen Forschungsverbands Südwest von 2009.

Bei der Jim Studie wurden 1200 Jugendliche im Alter von 12-19 Jahren befragt. Die Ergebnisse ergaben für die Nutzung dass 67% der männlichen Jugendlichen und 22% der weiblichen Jugendlichen mindestens einmal pro Woche Computer spielen. Dem gegenüber stehen die Nichtspieler mit 7% bei den Jungen und 32% bei den Mädchen (vgl. Rathgeb, Feierabend 2009 S. 39).

Neben der Jim Studie veröffentlicht der Medienpädagogische Forschungsverband Südwest

---

[9] http://www.deutschercomputerspielpreis.de/4.0.html gesehen am 03.0

auch eine Studie über das Medienverhalten von Kindern (die Kinder Information Multimedia Studie KIM). Hierzu wurden 1239 Personen im Alter von 6-13 Jahren, in einem Zeitraum von 2 Monaten befragt. Auch hier zeigt sich, dass Computerspielen bei Kindern die beliebteste Nutzungstätigkeit des Computers ist, sowohl bei Mädchen als auch bei Jungen, 62% aller befragten Kinder gaben an, mindestens einmal in der Woche allein am Computer zu spielen (vgl. Rathgeb, Feierabend 2008 S.27)

Dass die Beschäftigung mit Computerspielen kein reines Phänomen von Jugendlichen oder Kinder ist, zeigen Daten der ACTA (Allensbacher Computer und Technik Analyse), auf die sich der Autor Jens Wolling bezieht. Diese befragten im Jahr 2005 10329 Menschen zur Computerspielnutzung, dabei bezogen sie die Daten auf die Gesamtbevölkerung im Alter von 14-64 Jahren. Es zeigte sich, dass der Anteil der 40-49 Jährigen bei 33% lag. Der der 50-64 Jährigen lag immerhin bei 17%. Zum Vergleich betrug der Anteil der 14-17-Jährigen 74%, der der 18-24-Jährigen 57% und der der 25-39 Jährigen 42%. Diese beiden erst genannten älteren Gruppierungen blieben bis auf kleinere Schwankungen auch in den Vorjahren konstant während bei den drei jüngeren Gruppierungen eine Zunahme zu verzeichnen war. Obwohl das Medium Computerspiel immer noch eine Dömane von Kindern und Jugendlichen oder etwas jüngeren Erwachsenen ist, kurz von der Generation die mit dem Medium aufgewachsen ist, konnte es sich auch zumindest bei einer bestimmten Gruppe von älteren oder mittelalten Menschen etablieren (vgl. Wolling in Quandt Wolling, Widmer 2008 S. 89).

Computerspiele besitzen also allein aufgrund ihrer Nutzung eine hohe gesellschaftliche Relevanz. Ein wesentlicher Unterschied liegt dabei jedoch in den jeweiligen Geschlechtern. So ist die Hauptnutzungs- und damit Zielgruppe immer noch männlichen Geschlechtes. Weitere Unterschiede zwischen den Geschlechtern, sollen im Abschnitt 2.7 Genrepräferenzen beschrieben werden.

Diese gesellschaftliche Relevanz mag in der Beliebtheit des Mediums gründen. Ein anderer Grund bildet aber schlicht die Verbreitung der Geräte. Laut Nikolaus Kyriakidis Untersuchung von 2004 mit 129 Schülern besitzen 100% der von ihm befragten Gymnasiasten 96% der Gymnasiastinnen, 87,2% der Hauptschüler und 69,5% der Hauptschülerinnen einen PC. Die Verbreitung der Konsolen bewegt sich etwa bei der Hälfte(vgl. Kyriakidis, 2005, S.95). Bei der Jim Studie von 2009 besaßen 100% aller befragten Jugendlichen einen Computer und 68% eine Spielkonsole (vgl. Ratgeb, Feierabend 2009 S.6). Während Spielekonsolen ausschließlich zum Spielen dienen, ist der Computer ein multifunktionales Gerät. Mit ihm kann man arbeiten, sich über das Internet informieren, Musik hören usw., aber eben auch spielen. Die alleinige Verfügbarkeit des Gerätes Computer und damit die Möglichkeit zu spielen ist ein weiterer nahe liegender Grund für die Verbreitung der Computerspiele (vgl. Köhler 2008 S.73). Was die eigentliche Anziehungskraft der Spiele ist bzw. welche Motivationen die Spieler dazu bewegt sich mit ihnen zu beschäftigen, soll in den folgenden Abschnitten näher erläutert werden.

2.6 Die Grundelemente der Bildschirmspiele

Um die Motivation der Spieler für die Spiele besser verstehen zu können, sollen in diesem Abschnitt grundlegende Eigenschaften von Spielen benannt werden.

Der Spieleforscher Jürgen Fritz entwickelte bereits 1995, eine Landkarte der Bilschirmspiele.

Abbildung 1: (eigene Darstellung)

Diese Landkarte ist wie ein Grundmuster bestehend aus den drei Attributen: Denken, Aktion und Geschichten, in das sich die meisten Spiele einordnen lassen. (vgl. Fritz, 1995 S. 23-27). Fritz ordnet jedem dieser drei Attribute verschiedene Spielgenres zu. Denken z.B. Aufbaustrategiespiele, Aktion z.B. Ego-Shooter und narrativ dominierende Genres Adventures. Diese Grundattribute sind jedoch nicht nur Genre spezifisch. So lassen sich viel mehr allen Spielen und Spielgenres diese Elemente zuordnen, wie es Ladas in folgender Abbildung getan hat.

16

Tabelle 1: Kategorisierung von Computerspiel-Genres

Genre (mit Beispielen)	Denken	Action	Gesch.	Gewalt
(3D)-Actionspiele (z.B. Doom, Quake, Half-Life, Tomb Raider)	niedrig	hoch	mittel	hoch
Kampfsportspiele (z.B. Mortal Kombat, Street Fighter, Tekken)	niedrig	hoch	niedrig	hoch
(Kriegs-)Strategiespiele (z.B. Command & Conquer, Total Annihilation)	hoch	niedrig	mittel	hoch
Wirtschafts- und Aufbausimulationen (z.B. Siedler, Sim City, Die Sims)	hoch	niedrig	mittel	niedrig
(Flug-)Simulationen militärisch (z.B. F/A-18, Comanche, M1 Tank Platoon)	mittel	hoch	mittel	hoch
(Flug-)Simulationen zivil (z.B. Microsoft Flight Simulator, Flight unlimited)	mittel	mittel	niedrig	niedrig
(Auto-)Rennspiele (z.B. Need for Speed, Grand Prix 3, Superbike)	niedrig	hoch	niedrig	mittel
Sportspiele (z.B. FIFA Soccer, Sydney 2000, NBA)	niedrig	hoch	niedrig	niedrig
Jump-and-Run (Hüpf- und Sammel-Spiele) (z.B. Rayman, Super Mario, Sonic)	niedrig	hoch	mittel	niedrig
Rollenspiele (z.B. Diablo, Ultima, Final Fantasy)	hoch	mittel	hoch	hoch
Adventures (z.B. Monkey Island, Tex Murphy, Gabriel Knight)	hoch	niedrig	hoch	niedrig
Denk- und Geschicklichkeitsspiele (z.B. Tetris, Solitär, Lemmings)	hoch	niedrig	niedrig	niedrig

Abbildung 2: (vgl. Ladas 2002 S. 47)

Neben diesen Attributen beschreibt Fritz jedoch zentrale Handlungsszenen die alle Computerspiele durchziehen. Diese beinhalten:

- Kampf
- Erledigung
- Bereicherung und Verstärkung (personale Ausdehnung)
- Verbreiterung (räumliche Ausdehung)
- Verknüpfung (verschiedene Spielelemente)
- Ordnung

(vgl. Köhler, 2008 S. 70 bezogen auf Fritz 2003)

Laut Köhler verweisen diese Grundmuster auf bestimmte Lebensthematiken und kulturelle Verhaltensmuster der Spieler:

- Auseinandersetzungen führen, Konflikte mit anderen Menschen austragen
- Aufgaben zur Zufriedenheit erledigen
- reicher werden, an Fähigkeiten und Möglichkeiten wachsen
- den eigenen Wirkungskreis erweitern, Einflusszonen erweitern
- als erster eine Aufgabe erfüllen, ans Ziel gelangen
- Menschen und Gegenstände miteinander zu verknüpfen
- Elemente des Lebens in eine sinnvolle Ordnung zu bringen

(vgl. Köhler, 2008, S. 70-71 bezogen auf Fritz 2003)

Computerspiele spiegeln also Gegebenheiten der Realität. Ihre in all ihren Variationen zu findenden Grundmuster kopieren die in der Realität zu findenden Grundmuster. Damit bilden sie komplexe Systeme, die die Realität darstellen und sie aber auch durch ihre Darstellung reflektieren. Letztendlich sind Computerspiele Kinder ihrer Macher. Die Herausforderungen, die in ihnen gestellt werden, ähneln den Herausforderungen die ein Mensch in der modernen Welt zu bewältigen hat.

Die Beschäftigung mit Computerspielen ist damit grundsätzlich erklärt. Was die eigentlichen Anlässe und Motivationspotale der Spiele sind, soll im Abschnitt 2.8 deutlich werden.

2.7   Genrepräferenzen

In diesem Abschnitt soll nun näher auf die Genrepräferenzen der Spieler eingegangen werden. Wie hoch ist die Relevanz der in der Diskussion stehenden Egoshooter bzw. generell von Spielen, deren Hauptfokus auf dem Kampf liegt? Manuel Ladas führte im Jahr 2000 eine Onlinebefragung mit 2141 Computerspielern durch, in dem er explizit nach der Bevorzugung von Genres mit gewalthaltigem Inhalt fragte (Ladas unterschied nicht zwischen Männern und Frauen). Als Ergebnis bei der Genrepräferenz waren die Egoshooter auf dem ersten Platz dicht gefolgt von (Kriegs) Strategiespielen und Rollenspielen. Darauf folgen nicht den Kampf fokussierende Aufbausimulationen, Adventures und Rennspiele (vgl. Ladas, 2002. S. 221-222).

In der Untersuchung von Nikolaus Kyriakidis befand sich das Genre der Egoshooter bei den männlichen Jugendlichen auf Platz 1. Auf Platz 2 folgt das den Aspekt Kampf bevorzugenden Genre der Aktion Adventures. Danach folgen die nicht Kampf oder Gewalt beinhaltende Sport-und Rennspiele; Survival-Horror-Spiele kamen nur auf den siebten von 14 Plätzen, Kampf-Prügelspiele teilten sich mit Kriegsspielen den achten Platz. Bei den Angaben der weiblichen Schülerinnen ergab sich ein signifikanter Unterschied zu den männlichen Jugendlichen. So führte bei den Damen das Genre der Aufbau Strategiespiele deutlich vor Denk-und Jump and-Run Spielen. Rein auf Kampf fokussierte Spiele erscheinen bei ihnen erst nach der vierten Stelle, besitzen also weit weniger Bedeutung auch in Bezug auf die genannte Nutzungshäufigkeit (vgl. Kyriakidis, 2005 S. 105-108). Bei der JIM Studie präferieren die Jungen mit 56 % das Genre der Strategiespiele. Es folgen mit 41% die Aktion-Spiele bzw. Ego Shooter, sowie Fussball 25%, Rennspiele 22% und Onlinerollenspiele 17%. Bei den Mädchen führt wie auch in den anderen genannten Untersuchungen das Genre der Strategiespiele. Danach folgen die Kategorien Denk-/Karten-/ Geschicklichkeitsspiele mit 20%, Karaoke-spiele 15% und Funny Games mit 10%. (vgl. Rathgeb, Feierabend, 2009 S. 42). Die Ergebnisse aller Untersuchungen zeigen, das eine unterschiedliche Genrepräferenz der Geschlechter besteht. Fühlen sich Männer eher von kampforientierten Spielgenres wie Ego-Shootern oder Rollenspielen angezogen, bevorzugen Frauen eher Ordnungselemente beinhaltende Spiele wie das Aufbaugenre, bei dem es weniger auf den Wettbewerb und die Konkurrenz ankommt, als vielmehr auf das Lösen von Problemen. Der Grund für die unterschiedliche Nutzung sind laut Esther Köhler vor allem Rollenklischees und Rollen Zuschreibungen. So finden sich wenig Identifikationsfiguren für Mädchen in den Computerspielen. Die in den Spielen auftretenden Figuren sind sowohl in Haupt-als auch in Nebenrollen meist männlichen Geschlechts; Frauen tauchen oft nur als passive Schönheiten auf (vgl. Köhler, 2008 S.63). Weiterhin liegt der Grund wohl auch in der geschlechtsspezifischen Sozialisation. Köhler weist in Bezug auf Klimmt auf eine größere Technikbegeisterung bei Jungen hin. Zudem sind die meisten Computerspielinhalte auf männliche Interessen zugeschnitten (vgl. Köhler, 2008, S. 62). Ein dritter Grund ist das unterschiedliche Problemlösungsverhalten, während Frauen eher sachlich und analytisch an ein Problem gehen, setzten Jungen oder Männer eher auf Versuch und Irrtum (vgl. Köhler 2008 S. 63).

Die unterschiedlichen Genre und damit auch Spielpräferenzen zeigen nicht nur Unterschiede in den Geschlechtern, sondern verweisen auch deutlich auf die Zielgruppe für Gewalt beinhaltende Spiele: Jungen oder Männer. Diese bevorzugen aufgrund ihrer Sozialisation und Rollenzuschreibung meist Computerspiele, die einen deutlichen Fokus auf Kampf oder Wettbewerb besitzen. Das in die Diskussion geratene Genre der Ego Shooter liegt in der Beliebtheitsskala ganz weit vorne.

Bei den Ausführungen in Kapitel 4 liegt der Fokus daher auf Jungen und oder Männern.

2.8 Motivationspotentiale von Computerspielen

Beim Spielen kommt es zu einem Austausch zwischen Nutzer und Spiel, abhängig von dessen Gelingen führt dies zu dem Prozess des Spielens und nicht zum Abbruch. In diesem Abschnitt sollen nun neben dem grundsätzlichen Anlass zum Spielen auch diese Interaktion zwischen Spiel und Nutzer und seine Erwartungen an das Spiel beschrieben werden.

2.8.1 Spielanlässe

Der Anlass zum Computerspielen ist wie vielfach in der Literatur beschrieben und in Studien von Leu 1993, Fritz Misek-Schneider 1995 und Fritz 1997 bestätigt werden konnte, vor allem Langeweile (vgl. Fritz, 2005[10]). Danach folgen der Wunsch mit Freunden zu spielen, etwas Spannendes erleben (vgl. Köhler, 2008 S. 68 in Bezug auf Süss 2004) oder die Herausforderung durch ein neues Spiel (vgl. Ladas 2002, S. 93).

Langweile scheint also häufig der erste Anlass zum Computerspielen zu sein, das als „Freizeittätigkeit zweiter Wahl" nur genutzt wird, wenn keine anderen Möglichkeiten der Lebenswelt zur Verfügung stehen (vgl. Fritz, 1995 S 239).

Dennoch sorgen, wie im Folgenden aufgezeigt werden soll, die Spiele mit ihrer Mechanik selbst dafür, dass sie vom Spieler immer wieder genutzt werden.

Darüber hinaus sind die Spieler auf der Suche nach Belohnungen.

2.8.2 Gratifikationen

Der Spieler erwartet beim Computerspielen einen kontinuierlichen Fluss von Gratifikationen. Dabei wählt der Spieler die Spiele nach seinen persönlichen Vorlieben aus. Das heißt, er wird diejenigen Spiele auswählen, von denen die besten Erfolgserlebnisse zu erwarten sind. Der Nutzer erwartet unterschiedlichste Gratifikationen von dem Medium wie z.B.

---

[10] http://www1.bpb.de/themen/8GADVU,2,0,Zwischen_Frust_und_Flow.html#art2 gesehen am 04.03.2010

Eskapismus, das Erleben und Beeinflussen einer Handlung, Identifikationsmöglichkeiten mit Spielfiguren (vgl. Ladas, M, 2002, S. 66), Entspannung, Unterhaltung, Aggressionsabbau (vgl. Ladas, 2002, S. 92) bzw. das Aufgehen in der Spielwelt (Wegge, Kleinbeck, Quäk in Fritz 1995 S. 214). Hierzu wählt er am Anfang des Spiels auch den für ihn passenden Schwierigkeitsgrad aus. (vgl. Fritz, J 1995 S. 38.). Damit der Spieler beim Spiel bleibt, muss ein konstanter Fluss von Aufgaben bereitstehen, bei dem das Spannungsverhältnis zwischen den durch die Aufgaben erbrachten Herausforderungen und den Leistungen des Spielers funktionieren kann. Durch die permanente Rückmeldung des Spiels kann die Leistung unmittelbar bewertet werden (vgl. Kyriakidis 2005 S. 44).

2.8.3 Flow Effekt

Beim Spielen kann es zu einem sogenannten Flow Effekt oder Flow Erlebnis kommen. Der Flow Effekt beschreibt den Prozess des vollkommenen Eingehens und Eins Werdens mit dem Medium. Das heißt , alles, was um den Spieler herum passiert wird in dem Flow Moment ausgeblendet. Alle äußeren Reize oder Probleme im Leben spielen im Flow keine Rolle mehr. Der Nutzer befindet sich in vollkommener Konzentration auf die Spieltätigkeit. Auch alle empfundenen Gefühle konzentrieren sich auf diesen Prozess (vgl. Grünbichler 2008, S. 71 nach Csikzentmihalyi). Dabei vergisst er auch die Zeit. Hat der Spieler kontinuierlichen Erfolg im Spiel, kann es zu einer Flow-Spirale kommen. (vgl. Fritz 2005[11]) Bei dieser spielen auch Faktoren wie das Gefühl und die Fähigkeit optimal beansprucht zu sein, die Klarheit des Handlungsspielraums und der vorhandenen Rückmeldung eine Rolle, sodass der Handlungsablauf glatt und flüssig erlebt wird *(vgl. Köhler S.84).* Stimmt dieser Fluss von positiven immersiven Effekten für den Nutzer nicht, kann die Flow-Spirale zu einer Frust-Spirale werden. Das bedeutet, dass der Spieler immer mehr Energie und Konzentration in die Spieltätigkeit investieren muss, obwohl sie für ihn unbefriedigend ist. Gelingt im das nicht, wird er die Tätigkeit vermutlich aufgeben. Falls es dem Nutzer gelingt, die Frust-Spirale zu überwinden, führt sie unmittelbar in eine Flow Spirale (vgl. Fritz 2005[12]). Zur der Erfahrung des Flows führt auch die Rückmeldung über die eigene Leistung. Fällt diese positiv aus, ist dies wichtig zur Selbstbestätigung (vgl. Köhler, 2008 S. 84). Deshalb kann davon ausgegangen werden, dass der Nutzer, ob bewusst oder unbewusst, auf der Suche nach der Flow-Erfahrung ist.

---

[11] http://www1.bpb.de/themen/8GADVU,6,0,Zwischen_Frust_und_Flow.html#art6 gesehen am 17.02.2010
[12] http://www1.bpb.de/themen/8GADVU,6,0,Zwischen_Frust_und_Flow.html#art6 gesehen am 17.02.2010

2.8.4 Primäre und sekundäre Motivation

Die Computerspiele selbst besitzen vielfältige Motivationspotentiale wie z.B. die Spiel und Regeldynamik, den Spielinhalt, die Spielerscheinung; diese treffen auf Persönlichkeitsmerkmale des Spielers wie z.B. seine Interessen, Ziele, Wünsche Fähigkeiten und Erfahrungen. Damit ein Mensch motiviert ist, ein Spiel zu spielen, müssen sich diese beiden Kräfte im Gleichgewicht befinden (vgl. Fritz 1995, S. 19). Der Spieler muss die vom Spiel gestellten Aufgaben bewältigen können, damit sich Erfolgserlebnisse einstellen, ohne dass Lust in Frust umschlägt (vgl. Fritz, 1995 S. 47). Er muss sich von den Spielzielen und Inhalten angesprochen fühlen, damit er nicht mit dem spielen aufhört. Wie Fritz es formuliert: das Verhältnis zwischen Angebot und Nachfrage muss stimmen (vgl. Fritz, 1995 S. 19).

Um die Auswahl bestimmter Spiele durch den Nutzer genauer zu erklären unterscheidet Ladas zwischen primärer und sekundärer Motivation. Diese Kriterien vertiefen und ergänzen die bereits genannten Motivationskriterien noch.

Bei der primären Motivation handelt es sich um eine strukturelle Kopplung zwischen den Inhalten der Spielwelt und anderen Lebenswelten des Spielers. Der Begriff der strukturellen Kopplung bezeichnet in diesem Kontext die Verbindung oder in Bezugssetzung der Spielelemente mit der realen Welt (vgl. Köhler, 2008 S. 67 S.129). Der Zugang zu dem Spiel wird erleichtert, wenn es Assoziationen zu anderen Lebensbereichen hervorruft, wenn Inhalte oder Präsentation Elemente besitzen, die als bekannt wahrgenommen werden. Weiterhin beinhaltet die primäre Motivation auch bestimmte Vorlieben und Abneigungen. Dies können z. B. sein:

- Assoziationen zu früheren Kinderspielen
- Hobbys, Vorlieben
- Wunsch nach Abenteuer, Erlebnissen
- Ablehnung von Gewalt und Krieg
- Ausleben von Ordnungssinn /Ähnlichkeiten zur Organinsation des realen Lebens
- Erinnerungen an bestimmte Lebenssituationen sowohl belastend als auch positiv.

(vgl. Ladas, 2002, S. 95) bzw. (Köhler, 2008 S. 67-68)

Der Selbstbezug äußert sich auch in der Auswahl der Spielgenres:

- Sport als Motivation für Sportspiele
- Technikbegeisterung zur Auswahl technisch besonders ausgereifter Spiele

- Flugbegeisterung für die Auswahl von Flugsimulationen
- Körperliche Aktivität und Schnelligkeit zur Auswahl von Aktionspielen
- Organisatorische Berufe zur Auswahl von Wirtschafts-und Aufbausimulationen
- Mediale Vorlieben (Filme, Beletristik) für die Auswahl thematisch ähnlicher Spiele
- Spiele als Methapher für aktuelle Lebenssituationen

(vgl. Ladas, 2002, S.96-97)

Ein weiterer wichtiger Spielinhalt der primären Motivation ist die Möglichkeit in Bildschirmspielen im echten Leben nicht erreichte oder erreichbare Gefühle und Wünsche zu verwirklichen. Hierzu zählen Laut Köhler:

1. Der Wunsch nach Ablenkung und Entspannung vom Alttag, also Eskapismuss (vgl auch Ladas, 2002, S. 97).
2. Der Wunsch nach Erfolg, Macht, Kontrolle und Herrschaft (vgl. Köhler, 2008, S. 69).

Bei der sekundären Motivation handelt es um grundlegende und allgemeine Wünsche nach Kontrolle, Macht, Leistung, Kompetenz und Erfolg. Dies beinhaltet zuerst einmal der Wunsch das Spiel kontrollieren zu können. Weiterhin haben die im Spiel vorhandenen Attribute auch kompensatorische Aspekte. So weist Ladas darauf hin, dass vor allem auch Menschen, die im echten Leben größte Ängste vor Misserfolg zeigten, ein großes Interesse für Computerspiele besäßen (vgl. Ladas, 2002, S. 100). Vielfach in der Literatur beschrieben wurde auch der Wunsch einiger Menschen Computerspiele zur Selbstmedikation zu nutzen.

Die Grundmuster der Computerspiele besitzen wie im Abschnitt 2.6 beschrieben viele Parallelen zur realen Lebenswelt. Sie bieten einen geschützten Rahmen in welchem verschiedene Rollen und Verhaltensmöglichkeiten ausprobiert werden können (siehe Abschnitt 2.2). Die Bewältigung des Spiels, also das erfolgreiche Erleben von Macht und Handlungsmöglichkeiten, kann den positiven Effekt besitzen, die Zuversicht zu stärken und sich auch im realen Leben durchsetzen zu können (vgl. Köhler, 2008, S. 72). Die Möglichkeit das Spiel und auch den Schwierigkeitsgrad nach seinen Vorlieben und Fähigkeiten zu wählen, schafft Erfolgserlebnisse und sorgt für zusätzliche Motivation. „Außerdem können Computerspiele Spannung und Entspannung erzeugen, reale Frustrationserlebnisse kompensieren, sie bieten Ordnungsprinzipien, Bereicherungs-, Prüfungs- und

Bewährungsaspekte" (vgl. Köhler 2008 S. 72 bezogen auf Kirk 2001).

2.8.5 Die vier Funktionskreise nach Fritz

Um zu erklären, wie die Kontrolle über das Spiel gewonnen werden kann, entwickelte der Spieleforscher Jürgen Fritz vier Funktionskreise. Die der sensomotorischen Synchronisierung, der Bedeutungsübertragung, der Regelkompetenz und des Selbstbezugs (vgl. Fritz 2003, S. 18). Diese beschreiben, welche Qualifikationen ein Spieler braucht um das Spiel zu bewältigen bzw. das Spiel zu lenken. Fritz spricht in diesem Zusammenhang von „Lenkungskompetenz" (vgl. Kyriakidis, 2005 S, 51). „ Diese vier Funktionskreise könnte man als „Gelenkstück" zwischen den Anforderungen des Spiels und den Fähigkeiten des Spielers ansehen" (vgl. Fritz, 2003. S 18).

Pragmatischer Funktionskreis (sensomotorische Sychronisierung): Um das Spiel steuern zu können, muss der Spieler die Bewegungen seines Körpers denen des Spiels anpassen und mit ihnen abstimmen. Dies geschieht, in dem er z. B mit Tastatur oder Maus eine Spielfigur steuert. Um das Spiel flüssig zu erleben, muss sich der Spieler also mit dem Spiel synchronisieren. Je besser er lernt dies zu bewältigen, umso besser wird er das Spiel beherrschen. Auch bei Spielen wie Strategiespielen, bei denen ein direkte Steuerung einer Figur fehlt, sondern das Geschehen aus der Vogelperspektive geschieht, findet eine sensomotorische Synchronisierung statt, gewissermaßen von „außerhalb" (vgl. Fritz, 2003, S.18).

Semantischer Funktionskreis (Bedeutungsübertragung): Bei der Bedeutungsübertragung erkennt der Spieler bestimmte Spielelemente, vergleicht sie mit seinen kulturellen Mustern und findet sich so in ihnen wieder. Er gibt den Objekten im Spiel eine Bedeutung und lernt so besser auf sie zu reagieren und mit ihnen zu interagieren. So erkennt der Spieler z. B im Spiel ein Bildobjekt als Flugzeug wieder. Infolgedessen gewinnt er Verständnis über die (auch zu erwartenden) Zustandsveränderungen der Spielobjekte im Spiel (vgl. Fritz, 2003, S. 19).

Syntaktischer Funktionskreis (Regelkompetenz): Wenn der Nutzer das Spiel erfolgreich bewältigen will, muss er die vom Spiel vorgegebenen Regeln verstehen. Das bedeutet er muss die Funktionsweise die Mechanik des Spiels verstehen lernen. Hat er diese Mechanik oder die Regeln des Spiels verstanden, kann er Lösungsstrategien entwickeln, die es ihm ermöglichen bei konstant ansteigendem Schwierigkeitsgrad das Spiel zu bewältigen. Bei dem syntaktischen Funktionskreis geht es also um die Verwendung und Entwicklung kognitiver Fähigkeiten (vgl. Fritz, 2003 S. 19-20) (vgl. auch Kyriakidis 2005 S. 53-54).

<u>Dynamischer Funktionskreis (Selbstbezug)</u>: Damit ein Spieler die Motiviation entwickelt , sich überhaupt mit dem Spiel auseinanderzusetzen, muss er einen Bezug zu sich selbst herstellen können. Das bedeutet, er muss sein Selbst, also seine Lebensthematik, Rollen, Hintergründe usw. in den Scripts und Episoden des Spiels wiederfinden. Dieser Selbstbezug kann sich dann in der Wahl des Spiels äußern. So mögen Jugendliche die viel Sport, treiben besonders Sportspiele; oder Menschen; die viel organisieren müssen, bevorzugen Spiele, bei denen diese Fähigkeit verlangt wird. „ Im dynamischen Funktionskreis findet sich der Spieler mit seinen Wünschen (Macht, Beherrschung, Kontrolle, Reichtum, Kraft) ebenso wieder, wie mit seinen gesellschaftlichen und kulturellen Wertvorstellungen, Normen und Einstellungen)" (vgl. Fritz, 2003, S 21).

Damit es zu einer erfolgreichen Bewältigung des Spiels bzw. anhaltender Motivation kommen kann, muss der Spieler als verschiedene Formen Anpassung an das Spiel bzw. des Spiels an sich selbst vornehmen. Dazu muss er sich selbst kontrollieren, seine Wünsche, Gefühle, Anspannung und Konzentration für das Spiel einsetzen. Wenn er das schafft hat sein „Bleiberecht" im Spiel gesichert. Erst dann wird er es nicht aufgeben (vgl. Fritz, 2003, S. 21).

Die Voraussetzungen die es bedarf, damit Spieler Spiele spielen, sind also komplex und vielfältig. Sie sind in Gegensatz zur der womöglich entstehen könnenden Annahme nicht Monokausal. So komplex wie Spiele und Spieler, ist auch ihre Beziehung.

2.8.6 Multiplayer

Die in den vorangegangenen Abschnitten beschriebene Motivation bezog sich auf die Interaktion des Spielers mit dem Spiel. Ein wesentlicher Grund für viele Menschen überhaupt Computer zu spielen, ist die Möglichkeit gemeinsam mit anderen zu spielen (angedeutet bereits in Abschnitt 2.8.1).

Der soziale Aspekt spielt bei der Nutzungsmotivation eine bedeutende Rolle. Die Jim-Studie 2009 kommt zum Ergebnis, das die Form der gemeinsamen Nutzung von Onlinespielen die größte Alltagsrelevanz besitzt (vgl. Rathgeb, Feierabend 2009 S. 39-40).

Mit anderen offline spielen kommt nach dem gemeinsamen Konsolenspielen auf den letzten Platz der Nutzungssituationen (vgl. ebenda). Der Grund dafür die ist der leichtere Zugang der Onlinespiele. Die Peripherie dazu ist vorhanden und muss nicht erst auf und dann wieder abgebaut werden.

Wie schon in Abschnitt (Anlass) dargestellt, wurde das gemeinsame Spiel schon in den frühen Studien von Fritz nach der erwähnten Langeweile als zweit wichtigster Grund fürs Computerspielen genannt.

Der Mensch ist ein soziales Wesen. Hepp und Vogelsang konstatieren, dass sich bei der Ausbreitung der Medien die Zahl der Kommunikationsmöglichkeiten für die Jugendlichen erweitert (vgl. Hepp Vogelsang in Quandt, Wimmer, Wolling, 2008 S. 98). Der Grund für die Präferenz von Onlinemultiplayerspielen ist der Wunsch nach Kommunikation, Austausch und gemeinsamen Erlebnissen (siehe auch Abschnitt 5.3 im Suchtkapitel). Die Möglichkeit heute in relativ einfacher Form online mit anderen Computer zu spielen ist mit Sicherheit auf die massenweise Verbreitung von Breitbandinternetflatrates zurückzuführen. Doch schon bevor dieser Zugang ermöglicht wurde, begann sich ein Mehrspieler Phänomen zu etablieren, das der LAN Partys. LAN steht für Local area Network. Bei einer LAN-Party werden mehrere Computer für gemeinsame Spiele miteinander vernetzt. Dabei reicht die Möglichkeit von zwei bis zu über tausend Spielern. LAN Partys finden in Privatwohnungen oder in Form von organisierten Events in riesigen Hallen statt (vgl. ebenda S. 99).

Das Medium Computerspiel fungiert als Raum für gemeinsame Erlebnisse (vgl. ebenda S. 102). Die Interaktivität des Computerspiels ist natürlich weiterhin auch eine gute Möglichkeit für das Schaffen von direkter Interaktion zwischen den Beteiligten. Ich denke, man könnte LAN Partys, was den Grund oder Mechanik angeht, durchaus mit Brettspiele Abenden vergleichen.

Bei den größeren LAN Party Events werden auch Turniere in bestimmten Spielen durchgeführt. Um die zu bewältigen, organisieren sich die Spieler in so genannten Clans. Diese agieren wie Sportmannschaften mit festen Trainingszeiten und Wettkämpfen. Im Laufe der Jahre hat sich so ein eigener Sport entwickelt, der so genannte E-Sport. Die dabei ausgeschütteten Preisgelder führten dazu, dass es in Amerika und Asien mittlerweile bereits einige Berufsspieler gibt, die von den Preisgeldern leben können (vgl. ebenda s. 105).

Diese Events werden also von Profis wie Hobby-Spielern gleichermaßen besucht. Die Veranstaltungen sind professionell organisiert, beinhalten neben der Infrastruktur auch Cateringservice und Ruheräume. Die meisten dieser Events gehen über mehrere Tage, meist ein Wochenende (vgl. ebenda S. 104). Sebastian Strüber befragte 320 LAN Party Besucher im Jahr 2006, über die Hälfte hatte einen Anfahrtsweg von über 100 km (vgl. Strüber, 2006 S. 116).

Der Zugang zum gemeinsamen Computerspiel ist also vielfältig.

Computerspiele besitzen neben der reinen Spielmechanik und Interaktion zwischen Spiel und Nutzer vor allem eine hohe soziale Komponente. Im Gegensatz zu der Annahme der sozialen Isolation dieser Tätigkeit, handelt es Sich um eine Erweiterung des sozialen Interaktionsraums (vgl. Hepp Vogelsang in Quandt, Wimmer, Wolling, 2008 S. 97- 98). Diese Möglichkeit wird von vielen Menschen genutzt.

3. Ansätze und Theorien der Medienwirkungsforschung

Grundsätzlich zeichnen sich in der Forschung und Theoriebildung zur Wirkung von Medien zwei differierende Richtungen ab: Solche, die von einer unmittelbaren Medienwirkung ausgehen und solche, die den Nutzer in ihr Zentrum stellen. Zwei dieser Theorien die als Archetypen für die Richtung gelten können sollen im Folgenden beschrieben werden. Auf Theorien, die sich auf einen unmittelbaren Zusammenhang von medialer und realer Gewalt konzentrieren, soll in Kapitel 4 Gewalt im Abschnitt 4.3 eingegangen werden.

Als sich das Fernsehen als Massenmedium in der ersten Hälfte des zwanzigsten Jahrhunderts etablierte, entstand der so genannte Stimulus-Response Ansatz bzw. Modell oder auch Nutzungsreaktionsansatz.

Dieser Ansatz ging von einer unmittelbaren Wirkung der Medieninhalte auf den Nutzer aus. „ Wenn der Kommunikator den Rezipienten nur erreicht, erzieht er automatisch eine Wirkung". (Ladas 2002 S.62). Die Annahme bestand weiterhin darin, die Massenmedien könnten den Nutzer nach Belieben beeinflussen (vgl. Geyer 2006 S. 13.) Eine Kritik an den Medienzentrierten Ansätzen übt z. B. Tanja Witting in der Hinsicht, dass diese die Multifaktorialität der Medienwirkung nicht berücksichtigen würden (vgl. Witting 2007, S. 14). Kunzik und Zipfel erklären, dass bereits erste empirische Untersuchungen zur Widerlegung des Modells führten (vgl. Kunczik Zipfel, 2006 S.80). Im Kontext dieses Ansatzes nimmt der Nutzer eine passive Rolle ein. Sabine Geyer merkt an, dass auf die unmittelbare Wirkung der Medien auf den Menschen zurückgehende Modelle heute von der Wissenschaft nicht mehr vertreten werden (vgl. Geyer 2006, S 13). Kyriakidis bestätigt, das die „lineare Grundprämisse" durch Weiterentwicklung in der psychologischen und soziologischen Theorie weniger vertretbar wurde (vgl. Kyriakidis 2005, S. 63). Anfang des 21 Jahrhunderts existieren dennoch Forscher die sich besonders im Zusammenhang mit Computerspielen wieder dieses Modells bedienen. Dies wird im Gewaltkapitel erläutert werden. In den 1960 Jahren dominierte der von Joseph T. Klapper entwickelte Ansatz der Wirkungslosigkeit der Medien. Dieser Ansatz besagte, dass Medien nur die Verstärkung bestehender Tendenzen seien, also keinen Wandel herbeiführen würden und somit wirkungslos seien. Diese These bestand aus der falschen Annahme, dass Verstärkungen keinerlei Wirkungen seien. Sie ist widerlegt und findet in der heutigen Forschung keine Anwendung mehr (vgl. Kunczik Zipfel, 2006 S.80) bzw. (Geyer 2006 S. 14).

Der unmittelbaren und alleinigen Wirkung der Medien auf die Menschen entgegen steht der in der zweiten Hälfte des zwanzigsten Jahrhunderts (ca. 1965) entwickelte Uses and Gratifications Ansatz, auch Nutzungs-Belohnungs-Ansatz. Nach diesem nutzt der Mensch die Massenmedien zur Bedürfnisbefriedigung (vgl. Geyer, S. 2006 S. 14.). Der Nutzer wählt anhand von verschiedenen Bedürfnissen aufgrund seiner Erwartungen das Medium aus (Ladas, M, 2002 S.65). (Was auch im vorgehenden Kapitel über die Nutzungsmotive und Motivation von Computerspielen deutlich wurde vgl. Abschnitt 2.8.4). Hier agiert der Nutzer im Gegensatz zum Stimulus-Response-Modell, in einer aktiven Rolle. Der Hauptmotor sind dabei die zu erwartenden Gratifikationen, wie sie später 1980 durch Palmgreen formuliert wurden. Diese beinhalten: Ablenkung/Zeitvertreib (um der alltäglichen Routine zu entfliehen), persönliche Beziehungen (die Suche nach stellvertretenden sozialen Beziehungen mit Medienpersönlichkeiten), persönliche Identität (um durch einen persönlichen Bezug zu den Medieninhalten zu einer Veränderung oder Bereicherung der Persönlichkeit zu gelangen) und Kontrolle der Umwelt (um Informationen außerhalb der eigenen Erfahrungswelt zu erhalten um so die Umwelt besser kontrollieren zu können) (vgl. Kyriakidis, 2005, S. 66-67).

Eine Kritik am Nutzungs-Belohungs-Ansatz ist, dass bei diesem Klassifikationen und Operationalisierungen von Bedürfnissen fehlen. (vgl. Geyer, S. 2006. S14). Weiterhin wird der Medienwirkungsprozess ausschließlich bedürfnistheoretisch untersucht. Es werden Bedürfnisse betrachtet die dem Nutzer völlig bewusst sind. Die Motivationen für die Mediennutzung sind rein externer Natur, die Auswahl der Bedürfnisse ist nicht klar ersichtlich geschweige denn in empirischen Studien belegt. Die erwarteten Gratifikationen werden als stabil und langfristig gültig betrachtet. Deshalb eignet er sich nicht zur vollständigen Beschreibung von Wirkung und Nutzung, sondern eher als Forschungsstrategie (Ladas 2002, S. 69).

Zu Beginn der siebziger Jahre wurde der Uses-and-Gratifikations-Ansatz weiterentwickelt. Der Nutzen Ansatz nach Renksdorf und Teichert beschreibt die Bedeutungsbildung, die der Nutzer dem Medium zuweist. Anstelle einer rein selektiven Auswahl interpretiert der Nutzer das Medium vor dem Hintergrund seiner Ziel und Wertsetzungen. Während der Mediennutzung findet eine symbolische Art von Kommunikation statt, ein aktiver Austauschprozess zwischen Medium und Nutzer. Der Mensch kommuniziert also mit dem Medium und bewertet die erhaltenen Botschaften anhand seines Erfahrungsschatzes, weist diesen somit subjektiv Bedeutung zu (vgl. Kyriakidis, 2005, S. 71-72).

Einen Schritt weiter gehen dann noch Schönbach und Früh mit ihrem dynamisch transaktionalen Ansatz. Entsteht die Kommunikation bei Renksdorf und Teichert noch relativ einseitig, indem sich der Nutzer bewusst dem Medium zuwendet. Gehen Schönbach und Früh von einem gegenseitigen Kommunikationsprozess aus, in welchem die Medienwirkungen erst entstehen. Dies geschieht in einer Art Transaktionsprozess zwischen Medium und Nutzer (vgl. Kyriakdis, 2005, S. 73-74).

Eine Weiterentwicklung des Nutzungs-Belohnungs- Ansatzes stellt das Transfermodell von Jürgen Fritz dar, auf das im Folgenden näher eingegangen wird. Hierbei handelt es sich um einen ganzheitlichen Ansatz, bei dem die Medienwirkungen nicht isoliert, sondern in andere Kontexte eingebunden werden (vgl. Witting 2007 S.21) Die Basis dafür ist eine sich auf den Konstruktivismus gründende Weltsicht. Manuel Ladas merkt an, dass sich ein solcher Ansatz bei Computerspielen als besonders sinnvoll erweist „ da diese aufgrund ihrer hohen Interaktivität … die Motivation und Interessen des Nutzers mit dem Wirkungsangebot des Spiels zu einem untrennbaren Gesamterlebnis verschmelzen" (vgl. Ladas 2002, S. 73). Esther Köhler konstatiert, das Transfermodell von Fritz sei ein gutes Modell für die angemessene Fragestellung der empirischen Spielewirkungsforschung (vgl. Köhler 2008, S 179).

Da dieses Modell für die Erklärung der Wirkung von Computerspielen am geeignetsten erscheint, soll nun nach einer kurzen Darstellung zu den neurobiologischen Erklärungen näher darauf eingegangen werden.

3.1   Neurobiologische Erklärungen

Aktuell existieren noch wenige veröffentlichte neurobiologische Erklärungen zur der Wirkung von Computerspielen. Gerald Hüther Professor für Neurobiologie in Göttingen, entwickelt einige Ansätze. Beim Spielen kommt es zu neuronalen Veränderungsprozessen im Neo Kortex der Großhirnrinde. Sie ist laut Hüther der Bereich, in dem Beziehungsmuster zwischen den Nerven gespeichert sind (vgl. Bergemann Hüther, 2008 S.69). Genetisch bedingt befinden sich am Beginn des Lebens eine Vielzahl möglicher Schaltungsmuster, die dann durch Benutzung gefördert werden oder durch Nichtbenutzung verkümmern können. Immer wenn der Mensch ein Erfolgserlebnis hat, kommt es neben der Ausschüttung von Botenstoffen wie Dopamin auch zu einer Erregung der Gehirnzellen (vgl. ebenda S. 71). Das motiviert durch die Botenstoffe einerseits die Wiederholung eines bestimmten Verhaltens, fördert andererseits die Verschaltungen der Nervenzellen und führt letztendlich dazu, dass ein bestimmtes Verhalten trainiert wird. Im sensomotorischen Kortex werden durch die Sinnesorgane aktivierte Signale an die Verschaltungsmuster im Gehirn weitergeleitet. Die wiederum trainieren sich durch Wiederholung. Die Befürchtung von Gerald Hüther ist, dass durch die einseitige Benutzung von Maus und Tastatur nur Signale trainiert werden, die mit der Bedienung dieser Geräte verbunden sind (Wiederholung der selben Handbewegung), während andere auf Sinne bezogene Verschaltungen, wie z. B die Benutzung der Beine beim Laufen zu wenig trainiert werden wie es für die Entwicklung des Jugendlichen erforderlich wäre (vgl. ebenda S.78). Assoziative Netzwerke kennzeichnen Verschaltungen von komplizierteren Bewegungsabläufen wie die eben beschriebenen. Ein Gesamtbild verschiedenster Sinnesorgane bilden so genannte Wahrnehmungsmuster, die dann zu einem Assoziativen Netzwerk verknüpft werden. Trainiert werden können diese Situationsmuster nicht nur beim Erleben (z. B Fahrradfahren), sondern auch beim Träumen oder daran Denken. Beim Computerspielen entstehen nun (durch die Fokussierung des optischen) Anpassungen auf einer rein visuellen Ebene (vgl. ebenda S. 78-80). Im frontalen Kortex werden Gedächtnisleitungen aus anderen Gehirnregionen zu sogenannten frontokordialen Netzwerken verknüpft. In diesem Bereich werden Handlungskonzepte entworfen und das Steuern der Aufmerksamkeit trainiert. Es entstehen Netzwerke, die für die Regulation der Motivation zuständig sind. Hierbei gilt es also in Form komplizierter Handlungsmuster Ideen, Befähigungen und Motivation für die Lösung eine Problems zu entwickeln und aber letztendlich aufgrund dieser Voraussetzungen dann auch auf den Erfolg zu vertrauen (vgl. ebenda S.81-85). Die Folgen der einseitigen Trainierung bestimmter Verschaltungen, Muster und Netzwerke, bedeutet ein Automatismus der ein bestimmtes Verhalten begünstigen kann. Hüther nennt diesen Automatismus „Gehirnautobahnen". Diese Form der neuronalen Konditionierung bestimmter Netzwerke könnten zu „so glatten Autobahnen geworden sein, dass das dadurch gesteuerte Verhalten und die diesem Verhalten zugrunde liegenden Denkmuster automatisch ablaufen und kaum noch auflösbar sind" (vgl. ebenda S.126). Der Kern des neurobiologischen Erklärungsansatzes von Gerald Hüther sind also, konditionsbedingte Verschaltungen; damit bezieht sich das Modell eindeutig auf die klassische Lerntheorie.

3.2   Transfermodell nach Fritz

Der Ansatz von Fritz gründet sich auf den radikalen Konstruktivismus. Im Zuge dieser Vorstellung steht der Mensch nicht in direktem Kontakt zu seiner Umwelt, sondern seine Sinneszellen übersetzen Umweltreize in die Sprache des Gehirns (vgl. Witting 2007 S. 25-27). Die Gesamtheit aller Konstrukte ist das was der Mensch als Lebenswelt empfindet (vgl. Ladas S. 75). Die Lebenswelt aber spaltet sich in mehrere Welten auf, die vom Menschen konstruiert werden. Das Lebenswelt Konzept geht auf Alfred Schütz zurück. Die Welten bilden „sinnhafte Relevanzstrukturen"(vgl. Witting, 2007 S. 30) die vom Bewusstsein konstruiert werden. Im Wesentlichen stellen sie so etwas wie eine Ordnung für das Bewusstsein dar. Dieses kann diese Welten betreten und verlassen, sie stehen in Kontakt und Interaktion miteinander. Im Konzept von Jürgen Fritz existieren die reale Welt, die Traumwelt, die mentale Welt, die Spielwelt und die virtuelle Welt.

Die reale Welt: Sie ist die wichtigste Welt, die so genannte „wirkliche Welt" (vgl. Witting 2007 S. 35). Die Wirklichkeit der realen Welt unterteilt sich in die Umwelt und die Körperwelt. Die Umwelt kann durch die Sinnesorgane wahrgenommen werden. Hierzu unterscheiden verschiedene Wirklichkeitskriterien, ob ein Objekt als real angesehen wird. Diese Kriterien sind Sinneseindrücke wie Farbe, Helligkeit, Kontrast, eine Zuordnung der Bedeutung eines Objektes in den Kontext der erfahrenen Wahrnehmung und die Veränderbarkeit der Objekte. Mit dem Begriff Körperwelt ist alles gemeint, was wir mit unserem Körper spüren können und mit dem wir mit unserem Körper interagieren können. Im Gegensatz zu der rein sensorischen Erfassung der realen Welt durch die Sinnesorgane wird diese durch den Körper auch senso-motorisch erfasst. Der Begriff Umwelt beschreibt die Wahrnehmung einer Außenwelt durch die Sinnesorgane, während der Begriff Körperwelt sich auf das erleben von Wahrnehmungen durch den eigenen Körper bezieht (vgl. Witting, 2007 S. 35).

Die Zuordnung zu der realen Welt ist für den Menschen aufgrund seines Körpers und dessen Verletzlichkeit überlebenswichtig. Somit ist eine Unterscheidung der anderen Welten von der realen Welt von größter Bedeutung (vgl. Ladas 2002 S. 76).

Die Traumwelt: Die Inhalte des Traums sind oft unvollständig und unzusammenhängend, das unterscheidet sie von der realen Welt. Die Traumwelt stellt auch „ein Trainingsprogramm für Phantasiesysteme" dar (vgl. Ladas 2002 S. 77).

Die mentale Welt: Diese Welt ist der Bereich der geistigen Vorstellung, sie kann vom Bewusstsein betreten und verlassen werden. Im Unterschied zur realen Welt besitzt sie keinen Handlungsbezug (vgl Ladas 2002 S. 78).

<u>Die Spielwelt</u>: In der Spielwelt setzt der Mensch mental entstandene Dinge um. Diese können gestaltet und verändert werden. So kann z. B ein Mensch ein Pferd spielen. Die Spielwelt besitzt wie die reale Welt eine Körperwelt. Diese ist jedoch weniger verbindlich, sie bedient sich vielmehr der Handlungsweisen und Gegenstände der realen Welt. (vgl. Witting 2007 S. 39)

<u>Die mediale Welt</u>: Hier handelt es sich um medial erzeugte Wirklichkeitskonstruktionen. Diese werden sowohl durch technisierte Medien wie Tonträger oder das Fernsehen, als auch durch nicht technisierte Medien wie Bücher oder Zeitungen erzeugt. Die erzeugten Konstruktionen der medialen Welt können Abbilder der realen Welt sein, z. B Fernsehnachrichten, können aber auch der Phantasie der mentalen Welt entsprechen, z. B Romane. Die Rezeption der medialen Welt ist abhängig vom persönlichen Erfahrungs- und Bedürfnishorizont des Menschen durch den sie transformiert wird. (vgl. Ladas 2002 S. 79)

Die virtuelle Welt: Sie ist der medialen Welt sehr ähnlich. Auch sie wird medial konstruiert. Der Unterschied zur medialen Welt aber ist, dass die virtuelle Welt nicht passiv wahrgenommen wird, sondern aktiv beeinflusst werden kann, wie z. B in Computerspielen. Damit der Mensch sich in den verschiedenen Welten bewegen kann, muss er sie von einander unterscheiden, sie trennen können. Damit das geschehen kann, braucht der Mensch die Rahmungskompetenz. Der Rahmen um die jeweilige Welt bildet eine Art Abgrenzung der Zuordnung. Die Rahmungskompetenz hilft dem Menschen die Rahmen um die Welten zu ziehen und sie somit von einander zu trennen (vgl. Witting 2007 S. 44). Die Rahmungskompetenz beruht dabei auf den gesamten Erfahrungen und dem Wissen des Menschen (vgl. Ladas 2002 S. 92). Laut Köhler besitzt der Begriff des Rahmens zwei Schichten, die der Mensch bei der Ziehung des Rahmens um eine Welt beachten muss. Einen Rahmenrand der den Status des Wahrgenommenen beschreibt und eine innere Schicht (des Rahmens) worunter die Gefangennahme am vermittelten Ereignis zu verstehen ist (vgl. Köhler 2008, S. 180). Verfügt z.B. ein Computerspieler über nicht genügend Rahmungskompetenz gelingt es ihm nicht ein Ereignis richtig zu rahmen, kann es zu Fehlrahmungen kommen. Köhler beschreibt zwei Formen dieser Fehlrahmungen die Herauf und Heruntermodulation. Bei der Heraufmodulation wird der Inhalt des zu Rahmenden Ereignisses mit der Realität gleichgesetzt, das bedeutet in Bezug auf das Computerspielen, dass der Spieler in diesem Moment nicht mehr zwischen der virtuellen und der realen Welt unterscheidet (vgl. Köhler, 2008 S. 181). Bei der Heruntermodulation wird der Mensch neutral gegenüber realen Bilder, indem er wie bei deren Rezeption alles nur von außen betrachtet (vgl. ebenda

S. 181). Köhler merkt jedoch in Bezug auf Pietras 2003 an, dass Bilder nicht wie unmittelbare Realitätsaussagen gelesen,sondern als sinnvolle interpretierbare Aussagen gerahmt
werden. Zudem würden Bilder auch aufgrund ihrer Darstellweise Gegenstand und Infor-
mationsdichte gerahmt (vgl. Köhler, 2008 S. 183).

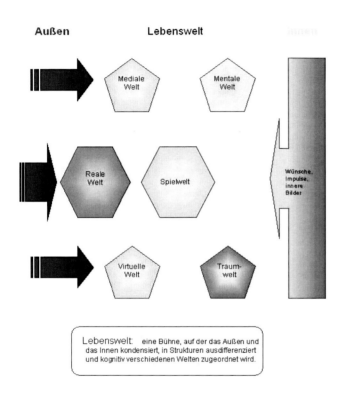

Abbildung 3: (Fritz Jürgen, 2005 [13])

Zwischen den verschiedenen konstruierten Welten kann es zu Transfers kommen. Genau
dies wird im folgenden Transfermodell beschrieben und untersucht.

Das Transfermodell von Jürgen Fritz erklärt oder untersucht im Wesentlichen zu welchen
Transfers es zwischen den Welten kommen kann. (vgl. Witting 2007 S. 46). Der Hauptfo-
kus liegt jedoch auf dem Untersuchen von Transfers zwischen der virtuellen Welt des
Computerspielens und der realen (bzw. zwischen der virtuellen und anderen Welten).
Transferiert werden können immer Gefühle oder Handlungsschemata. Der Begriff Hand-
lungsschema bedeutet in etwa, dass Zusammenfassen von Wahrnehmungen und Erfahrun-

---

[13]   http://www.bpb.de/popup/popup_bild.html?guid=ZJK848&x=540&y=720 gesehen am 23.02.2010

gen auf ein spezielles Muster (vgl. Ladas 2002 S. 82). Witting konstatiert, dass beispielsweise Computerspiele häufig nur eine sehr begrenzte Anzahl von Handlungsschemata besitzen und deshalb die Gefahr des Überlernens gegeben ist (vgl. Witting 2007 S. 49) Die Umweltreize die der Mensch z. B. beim Computerspielen erhält, rufen Irritationen beim Menschen hervor. Er setzt die Reize deshalb zu der realen Welt in Bezug und ordnet sie ein (vgl. Ladas S. 82). Dies gelingt, wenn die Rahmen um die Welten gut gezogen sind. Wie in Abschnitt 2.8.4 beschrieben ist der Spieler in der Form strukturellen Kopplung mit dem Spiel verbunden. Je intensiver das Spiel mit der Lebensrealität des Nutzer gekoppelt ist, desto größer ist dessen Wirkung auf die Realität. Solcherlei Fälle sind oft bei Spielen festgestellt worden, die eine hohe Ähnlichkeit mit der Realität besitzen. Wenn z. B ein Baseballspieler der ein Computerbaseballspiel spielt, kann er die er die im Spiel gewonnenen Erfahrungen auf die Realität übertragen[14].

Transfers können auf verschiedenen Abstraktionsebenen stattfinden. Die Fact Ebene beschreibt Transfers und Schemata, die einen deutlichen Realitätsbezug haben, wenn im Spiel Formen oder Dinge der realen Welt thematisiert sind und sie vom Spieler erkannt und zugeordnet werden können. Die Skript Ebene beschreibt bestimmte Handlungsmuster die vom Menschen eingeübt auf bestimmte Situationen innerhalb einer Welt immer wieder angewendet werden können, die einmal erlernt sozusagen automatisiert abgerufen werden können wie z. B. Restaurantbesuch oder Einkaufen (vgl. Witting, 2007, S. 51). Solche erlernten Skripts kann es auch in der Welt der Spiele geben z. B. Haus bauen in Strategiespielen. Die Print Ebene beschreibt kurze Handlungsmuster die vom inhaltlichen Rahmen gelöst sind, die Aneinanderreihung mehrerer Prints kann ein Skript ergeben. (vgl. ebenda S. 52). Beispiele für Prints sind Ball werfen in der realen oder das schießen in Shooter Spielen in der virtuellen Welt (vgl. Fritz 2003[15]). In der metaphorischen Ebene ist es möglich bestimmte Elemente zweier Welten aufgrund von strukturellen Gemeinsamkeiten miteinander zu verbinden, hierbei handelt es sich um Ähnlichkeiten die sich mehr unter der Oberflächenstruktur befinden. Durch das Bilden von Metaphern stellt der Mensch strukturelle Beziehungen zwischen zwei Welten her. Beispielweise im Satz „Das letzte Familientreffen war wie in der Lindenstraße" (vgl. Fritz 2005[16]) Auf der dynamischen Ebene befinden sich Transfers von höchstem Abstraktionsniveau, diese konzentrieren sich mehr auf

---

[14] http://www.sw.fh-koeln.de/wvw/downloads/medien%2Berziehung.pdf S. 7 gesehen am 22.02.2010
[15] http://www.sw.fh-koeln.de/wvw/downloads/medien%2Berziehung.pdf S. 13 gesehen am 22.02.2010
[16] http://www1.bpb.de/themen/OI6VDV,3,0,Wie_virtuelle_Welten_wirken.html#art3 gesehen am 22.02.2010

bestimmte (vgl. Abschnitt 2.6) Grundmuster: Macht, Herrschaft, Kontrolle (vgl. auch Witting 2007 S. 52-53).

Fritz unterscheidet grundsätzlich zwei Arten von Transfers.

Um einen intermondialen Transfer handelt es sich, wenn Schemata innerhalb einer Welt übertragen werden. Ein Beispiel für die Übertragung zwischen Computerspiel und Computerspiel ist, dass der Spieler die Grundstruktur der Spielmechanik die einem Genre zu eigen ist auf ein anderes Spiel überträgt. Hat er z. B. einmal gelernt, dass es in einem Rollenspiel verschiedene Charakterwerte zu verteilen gilt, wird er das in einem Rollenspiel sofort tun können ohne es erlernen zu müssen.

Bei einem intramondialen Transfer werden Schemata zwischen verschiedenen Welten übertragen. Also zwischen der virtuellen Spielwelt und der Traumwelt oder der realen Welt. Ein Beispiel hierfür wäre, wenn ein Spieler von einem Erlebnis, das er in einem Computerspiel hatte träumt. (vgl. Witting 2007 S 50 f.).

Der Fokus der Wirkungsforschung liegt natürlich auf der Erforschung von Transfers von der virtuellen in andere Welten. Jedoch kommt es im umgekehrten Falle ziemlich oft zu Transfers in die virtuelle Welt. Dies geschieht z. B. am Offensichtlichsten wenn mediale Dinge virtuell verarbeitet werden, beispielsweise bei der Spielumsetzung von Kinofilmen oder einer Fernsehserie wie Star Treck in denen dann eine zuvor medial vermittelte Geschichte nach gespielt werden kann und dann vom Nutzer wieder erkannt wird.

Neben den zwei grundsätzlichen Arten der Transfers beschreibt Fritz zehn Transferformen die bisher in seinen Studien (über den Transfer von virtueller Welt zu anderen Welten vornehmlich der realen Welt) belegt werden konnten (vgl. Fritz 2005[17])

1. Problemlösender Transfer: Nachdenken über die Lösung eines bestimmten Problems das in einer Welt entstanden ist. Einholung von Informationen in einer anderen Welt, beispielsweise in einer Spielezeitschrift oder dem Internet.
2. Emotionaler Transfer: Transferieren von Emotionen die beim Aufenthalt einer Welt entstanden sind in eine andere Welt.
3. Instrumentell handlungsorientierter Transfer: Erprobung und Anwendung von be-

---

[17] http://www1.bpb.de/themen/OI6VDV,3,0,Wie_virtuelle_Welten_wirken.html#art3 gesehen am 22.02.2010

stimmten in einer Welt erlernten Handlungsmustern in der anderen Welt. Beispielsweise das Ausprobieren einer bestimmten Sportart nach dem Spielen eines Sportspiels.

4. Ethisch moralischer Transfer: Übername von bestimmten normativen Maßstäben oder Mustern zwischen den Welten. Hier würden beispielsweise in Shootern dargestellte moralische Wertorientierungen in die reale Welt übernommen. Belegt ist das bisher laut Jürgen Fritz nicht. Tanja Witting berichtet in ihrer Untersuchung im Gegenteil von ethisch-moralischen Transfers der realen Welt in die virtuelle Welt.(vgl. Witting 2007 S. 229). Da dieser Punkt von großer Wichtigkeit bei der Frage nach der Übertragung von virtueller zu realer Gewalt ist, soll er später in dieser Arbeit noch einmal aufgegriffen werden und ausführlicher behandelt werden.

5. Assoziativer Transfer: Verbindung von Reizeindrücken der realen Welt mit dem Computerspiel. Beispielsweise sind Deja Vue artige Transfererlebnisse in die reale Welt belegt.

6. Realitätsstrukturierender Transfer: Erfahrungen die im Computerspiel gewonnen wurden werden auf die reale Welt bezogen. Als Beispiel führt Fritz hier Simulationen an. (Anm. Damit aber ein wirklich die Realität strukturierender Transfer statt finden kann, muss die Simulation schon einen hohen Realitätsgrad besitzen, z. B. eine Flugsimulation)

7. Informationeller Transfer: In Spielen gewonnene Informationen dienen dem Verständnis der realen Welt. Beispielsweise Informationen, die in Infotainment Spielen vermittelt werden. (Anm. Hiermit können auch durchaus Aufbauspiele, die die Realität in verdichteter Form abbilden, gemeint sein).

8. Auf das Gedächtnis bezogener Transfer: In Erinnerung behalten von Spielelementen nach beenden des Spiels.

9. Zeit erlebender Transfer: Wenn Zeit Bedingungen oder Zeit Erfahrung vom Spiel übernommen wird. Beispielsweise wird der Zeitdruck in einiger Spiele und der Handlungsdruck vom Spieler in andere Welten übertragen.

10. Auf Phantasietätigkeiten bezogener Transfer: Fortsetzung von in der Spielwelt entstandenen Eindrücken in die Gedankenwelt. Beispielsweise das Fortspinnen einer Geschichte (vgl. Fritz, 200518) und (vgl. Witting 2007 S. 54-55).

---

[18] http://www1.bpb.de/themen/OI6VDV,3,0,Wie_virtuelle_Welten_wirken.html#art3 gesehen am 22.02.2010

In der Forschung von Fritz oder sich auf Fritz beziehender Autoren, wie Witting, Ladas oder Mayer konnten verschiedene Transfers von der virtuellen in andere Welten nachgewiesen werden.

Grundsätzlich lässt sich feststellen, dass Transfers von der virtuellen in die mentale Welt am wahrscheinlichsten sind und am häufigsten vorkommen. So beschreibt Ladas aufgrund einer Studie von Esser/Witting, dass der 65 % der befragten jungen Erwachsenen Erinnerungen an Spielinhalte besaßen, 60% angaben zu, an Spiele zu denken ,und 45% berichteten, dass sie die Handlung in der Phantasie weiterspinnen würden (vgl. Ladas 2002 S. 102 ff) bzw. (Esser Witting, 2003 in Fritz Fehr S. 34). Laut Fritz ist der Transfer von der virtuellen Welt in die mentale Welt deshalb einfacher, weil er nicht an ein konkretes Handeln geknüpft ist. Auch wurden Transfers von der virtuellen in die Traumwelt nachgewiesen. So berichten Esser und Witting von einigen Spielern, die nach einer längeren Spielsitzung Probleme beim Einschlafen hatten und das Spiel in Gedanken weiterspielten (Transfer in die mentale Welt) und schließlich auch davon träumten. Dies geschah immer dann, wenn nach kurzer Zeit auf die Spielphase das Zubettgehen erfolgte (vgl. Esser Witting, 2003 in Fritz Fehr S. 37). Weiterhin gaben aber 60% der von Esser und Witting befragten Spieler an, unabhängig von einer vorhergehenden Spielphase beim Träumen auf Landschaften oder Spielfiguren, die aus Computerspielen stammen, gestoßen zu sein.

Bei einem Transfer von der virtuellen in die reale Welt muss im Gegensatz zum Transfer von der virtuellen in die mentale Welt, ein viel größerer Anpassungsprozess vonstatten gehen, damit sie in der realen Welt eine Anwendung finden können[19]. Dennoch sind Transfers von der virtuellen in die reale Welt, wie gleich noch deutlich werden soll, mittlerweile mehrfach nachgewiesen und aufgezeichnet worden.

Die am deutlichsten auftretenden Transfers von der virtuellen in die reale Welt sind die emotionalen Transfers. Am häufigsten geschehen emotionale Transfers, wenn sie kurz nach Beenden des Spiels auftreten also durch Spiele ausgelöste Gefühle wie Stolz, Ärger und Wut (vgl. Ladas 2002 S. 102). Diese transferierten Gefühle hatten Auswirkung auf die Stimmung, im Alltag und können sowohl je nach Spielerfolg von positiver als auch negativer Natur sein. Die Dauer der Transfers ist jedoch nach den Ergebnissen von Esser und Witting gering, so berichten viele Spieler von einer nur kurzfristigen Beeinflussung der Gefühlswelt in der Realität nach dem Spielen (Esser Witting, in Fritz Fehr 2003 S. 36). Jürgen Fritz führt weiter an, dass die Dauer dieser Gefühle in der realen Welt mit der

---

[19] http://www1.bpb.de/themen/OI6VDV,6,0,Wie_virtuelle_Welten_wirken.html#art6 gesehen am 22.02.2010

Intensität des Spielerlebnisses zusammenhängt (vgl. Fritz, 2005 [20]).

Am häufigsten kommt es zu instrumentell handlungsorientierten Transfers von der virtuellen in die reale Welt, wenn die Spielwelt große Ähnlichkeiten mit der realen Welt besitzt. So berichten laut Monica Mayer Spieler von realistischen Rennsimulationen, von einem rasanteren Fahrverhalten wenn sie nach längerem Spielen mit ihrem Auto fuhren (Mayer in Gamestar 03/2010 S. 110-113). Esser und Witting berichten von Spielern, die bestimmte in Basketballspielen erlebte Spielzüge in der Realität ausprobierten (vgl. Esser Witting, in Fritz Fehr 2003 S. 40). Oft wird auch von Spielern oder Computernutzern berichtet, die das Bedürfnis verspürten, reale Gegenstände mit der Maus anzuklicken (vgl. Ladas 2002 S. 102). Monica Meyer berichtet weiterhin z. B. auch von einer Spielerin die sich beim Joggen vorstellt, als Paladin in Rüstung zu laufen und imaginäre Monster zu bekämpfen. Wenn ein Transfer in die Realität von statten geht, geschieht das eher bewusst, in den Fällen, bei denen ein Transfer wirklich unbewusst passiert, geschieht das nur wenige Augenblicke oder Sekunden und sorgt dann für Verwirrung oder Belustigung (Mayer, M 2010 in Gamestar 03/2010 S. 110-113). Der Grund dafür ist die deutliche Rahmung des Menschen der realen Welt, die Elemente ausschließt die nicht an sie angepasst werden können. Unbewusste Transfers wie das eben beschriebene Rasen oder das anklicken von realen Gegenständen, spielen sich dabei auf der Fakt-oder Printebene ab, besitzen also entweder einen starken Realitätsbezug oder ein kurzes unbewusstes Print Schemata. Langfristige konkrete Übertragungen in die Realität finden höchstens auf der kognitiven Ebene in abstrahierter Art in Form von informell strukturierenden Transfers eine Anwendung, wie z. B. bei Wirtschafts- und Aufbausimulationen oder Infotainment bzw. Edutainment spielen, oder aber bei sehr realistischen Spielen wie Flugsimulatoren in Form von realitätsstrukturierender Transfers (vgl. Esser Witting, 2003 in Fritz Fehr S. 45).

---

[20] http://www1.bpb.de/themen/OI6VDV,6,0,Wie_virtuelle_Welten_wirken.html#art6 gesehen am 22.02.2010

4.   Gewalt in Computerspielen

In diesem Kapitel soll nun der Frage nachgegangen werden, ob Gewalt beinhaltende Computerspiele zu realer Gewalt führen können. Die Diskussion um diese Frage beherrscht den öffentlichen Diskurs. Im Zuge der Diskussion um die Ursache von Amokläufen an Schulen wurde der Begriff „Killerspiele" immer wieder verwendet. Dieser Begriff geht ursprünglich auf den ehemaligen bayrischen Innenminister Beckstein zurück und wurde von ihm im Laufe der Zeit immer wieder gebraucht (vgl. Beckstein in Zimmermann, Geißler, 2008 S. 25). Killerspiele bzw. Gewalt beinhaltende Computerspiele gelten als mögliche Ursache für Gewaltprävalenz und in folgedessen auch für die Amokläufe. Die Forderung von Politkern wie Beckstein (vgl. ebenda S. 26) aber auch von der Wissenschaft (vgl. Abschnitt 4.6) schärfere Gesetze die den Verkauf und die Verbreitung dieser Computerspiele zu erlassen, wurde mehrfach geäußert. Nach jedem erneuten Amoklauf flammt die Debatte um das Verbot von Gewalt beinhaltenden Computerspielen wieder auf[21]. Prominente Wissenschaftler, wie der Kriminologe Christian Pfeiffer bekunden in den Medien den Zusammenhang von Gewaltbereitschaft und dem Konsum Gewalt beinhaltender Computerspiele, der unter anderem auch eine reduzierte Empathiefähigkeit beinhaltet[22]. Der Psychologe Manfred Spitzer deklariert, „... dass Gewalt in diesen Spielen nicht passiv konsumiert, sondern aktiv trainiert wird" (vgl. Spitzner, 2006 S. 213).

Der Augsburger Professor für Schulpädagogik und allgemeine Didaktik, Werner Glogauer, bezeichnet Gewalt beinhaltende Computerspiele als „Mordsimulationen", mit denen der Nutzer das Töten trainiert. Weiterhin führt er die Nutzung von Gewalt beinhaltenden Medien (bzw. die Potenzierung der Nutzung) als Ursache für die Amokläufe an. „ Sie nutzten also über Jahre hinweg in steigendem Maße und parallel Horror-und Aktionfilme, Splatterfilme, gewalthaltige Computer- und Videospiele, Fantasie Rollenspiele mit gewalttätigen Identifikationsgestalten, Heavy Metal Musik, Gangasta Rap mit Texten, die zu Gewalt und Mord auffordern"(vgl. Glogauer in Grossmann De Geatano, 2002 S. 154). De Geatano selbst stellt einen Zusammenhang von realen Gewalttaten und steigender Gewalt in Computerspielen her (vgl. Grossmann, De Geatano, 2002 S. 38). Dem Argument, der leichte Zugang zu realen Waffen sei die Hauptursache für Amokläufe, stellt sie entgegen: „... diese Zugänglichkeit ist niemals gut aber sie kann nicht verantwortlich sein, denn

---

[21]   http://www.focus.de/digital/games/amoklauf-killerspiele-debatte-flammt-wieder-auf_aid_379561.html gesehen am 30.03.2010

[22]   http://www.stern.de/panorama/2-christian-pfeiffer-zu-killerspielen-die-spiele-beeinflussen-die-psyche-587888.html gesehen am 30.03.2010

Waffen sind ein konstanter Faktor in der Entwicklung von Gewalt in den USA gewesen. Wir sollten uns fragen, warum Kinder überhaupt zu Waffen greifen." (vgl. ebenda. S. 34). Grossmann bezeichnet die Spiele als „Tötungssimulatoren", die den Kindern das (reale) Töten beibringen sollen (vgl. ebenda S. 85). Das sind allesamt harte Statements. Infolgedessen soll nun untersucht werden, ob ein Zusammenhang zwischen Gewaltbereitschaft und Computerspielen besteht. Kann man weiterhin mit einem Computerspiel das Schießen einer realen Waffe trainieren? Reduziert der Konsum von Gewalt beinhaltenden Computerspielen die Empathiefähigkeit? Worin besteht die Faszination des Gewaltaspektes in Computerspielen? Brauchen wir in Deutschland ein schärferes Bewertungssystem von Computerspielen?

Diese Fragen sollen in den folgenden Abschnitten behandelt werden.

4.1   Gewalt und Aggression

Gewalt und Aggression sind Schlüsselbegriffe der Untersuchungen von Mediengewalt. Umso wichtiger scheint es zu sein, zuerst einmal eine Abgrenzung der beiden Begriffe vorzunehmen. Geyer weist daraufhin, dass in den meisten Studien zu diesem Thema keinerlei Abgrenzung vorgenommen wird (vgl. Geyer 2006 S. 20). Gewalt ist eine Verhaltensweise, die eine physische oder psychische Schädigung beabsichtigt oder bewirkt. In diesem Sinne stellt fiktive Gewalt die Präsentation von gewalttätigen Verhaltensweisen dar (vgl. Geyer, 2006 S. 20). Aggression ist laut Geyer personelle Gewalt, welche die physische und psychische Schädigung einer Person, eines Lebewesens oder einer Sache vollzieht. Ladas bezieht sich auf Steckel, wonach Aggression ein Verhalten ist, das darauf ausgerichtet ist, andere zu verletzen (vgl. Ladas 2002 S. 125). Laut Kunczik u. Zipfel beinhaltet der Aggressionsbegriff Faktoren wie Trieb der menschlichen Natur, emotionale Erregung und situative Faktoren sowie Lernprozesse (vgl. Kunzik, Zipfel 2006 S. 23-24). Geyer weißt darauf hin, dass die genaue Definition von Aggression sehr problematisch ist, da verschiedene Definitionen vorliegen (vgl. Geyer 2006 S. 20). Die genaue Abgrenzung der beiden Begriffe scheint schwierig, bzw. sich in der Diskussion zu befinden.

Für die folgenden Abschnitte soll demnach ähnlich, wie es viele Veröffentlichungen tun, keine Abgrenzung erfolgen. Es ist ein Ziel dieser Arbeit negative Effekte die im Zusammenhang mit Computerspielen stehen oder diesen zugeschrieben werden, im Generellen zu erörtern.

4.2 Faszination virtueller Gewalt

Macht, Beherrschung, Kontrolle sind die wesentlichen Elemente, die man in fast allen Computerspielen vorfinden kann. In den meisten Spielen ist Gewalt die Lösung bzw. oft die einzige Bewältigungsmöglichkeit und in diesem Zusammenhang gar zwingend erforderlich. Wie in Abschnitt 2.7 Generpräferenzen beschrieben, liegen die Genres, die sich auf den Aspekt Kampf, und damit die Bewältigung des Spiels in Form von Gewalt konzentrieren, in der Beliebtheitsskala ganz weit oben, wie z. B. das Aktion-Genre und das der Echtzeitstrategie. Gründe für die Bevorzugung Gewalt besitzender medialer Inhalte gibt es viele. In der modernen Welt und Gesellschaft ist Gewalt nicht erwünscht, sie wird gar tabuisiert (vgl. Hartmann, 2007 S.132). Dennoch ist die Gewalt überall präsent, in Informationsmedien aber auch im Staat selbst. „ Die moderne Zivilisation nimmt ihre Mitglieder immer spürbarer in die schmerzliche Zange zwischen offiziellem Gewaltverbot und offiziösen Appellen an eine Art von Gewalttätigkeit, die nicht als solche ausgegeben werden darf: rigides Einhalten von Vorschriften, hartes Durchsetzungsvermögen, rücksichtslose Konkurrenz, eiserne Konsequenz (vgl. Fritz in Fritz Fehr 2003 S. 55". Wiemken nennt als Grund für die Beschäftigung mit gewalttätigen Spielen die Imitation der Erwachsenenwelt, in welcher Krieg und Gewalt an der Tagesordnung sind. (vgl. Wiemken in Fromme Meder 2001 S. 74). Weiterhin beschreibt er diese Verdrängung der Gewalt (welche auf Ohnmacht gründet) durch die Erwachsenen als Beziehungslosigkeit. In den Spielen wird eine Beziehung zu den gewalttätigen Aspekten der Erwachsenwelt hergestellt (vgl. Wiemken in Fromme Meder 2001 S. 74). Neben dem Tabu von Gewalt existieren weitere Tabus, die mit dem Erfahren von existenziellen Themen, wie Verletzung, Tod und Vergänglichkeit in Verbindung stehen. Themen, die jeden Menschen beschäftigen, deren Erfahrung aber durch die moderne Gesellschaft verdrängt wird (vgl. Willmann in Rötzer, 2003 S. 134). Das ist ein möglicher Grund für die Faszination virtueller Gewalt. Ein weiterer darauf Bezug nehmender Grund ist, dass Gewalt in der Menschheitsgeschichte immer eine Bedeutung hatte. Ohne diese Aussage vertiefen zu wollen, scheint es im Menschen Bedürfnisse zu geben, die mit der Ausübung und Beschäftigung von Gewalt in Zusammenhang stehen. Eben diese Bedürfnisse oder die Bearbeitung und Beschäftigung mit dem tabuisierten Gewaltaspekt des modernen menschlichen Lebens werden von Medien erfüllt (vgl. Wiemken in Fromme Meder 2001 S. 75-76). Darstellungen von Gewalt finden sich in Literatur, Theater und Film schon lange vor der Erfindung der Computerspiele (vgl. Willmann in Rötzer, 2003 S. 132). Laut Wiemken handelt es sich bei Computerspielen um die Überlieferung von Mythen, in denen ähnlich wie in Märchen oder der Literatur, generell immer das Gute gegen das Böse kämpft. Wiemken vergleicht die Kampfschilderungen in der Literatur mit denen der Computerspiele; in beiden Fällen würde der menschliche Hauptmythos dargestellt als der des Jägers (vgl. Wiemken in Fromme Meder 2001 S. 76). Die besonders klare Kennzeichnung der Figuren in Computerspielen, das Gute im Kampf gegen das Böse in Form eines klaren schwarz - weiß Schemas, (das tatsächlich die meisten Computerspiele besitzen), kommt nach Wiemken dem Wunsch der Kinder und Jugendlichen nach Eindeutigkeit entgegen (vgl. Wiemken in Fromme Meder 2001 S. 72).

Willmann bringt die Lust an der virtuellen Gewalt auch mit der Auseinandersetzung mit einer gewissen Art von Körperlichkeit in Verbindung. Damit erklärt er im Besonderen das Interesse an Gewaltdarstellungen und deren veränderten Körperdarstellungen in einer Phase, bei denen der jugendliche Körper sich ständig verändert (vgl. Willmann in Rötzer, 2003 S. 133). Der Aspekt der Auseinandersetzung mit der eigenen Vergänglichkeit, Verletzlichkeit und in der Realität vorhandener Gewalt, die längst von den physischen zu den psychischen Aspekten transformiert wurde, ist ein wichtiger Grund für die Faszination virtueller Gewalt, die andere entscheidende Erklärung ist, dass die virtuelle Gewalt überhaupt nicht im herkömmlichen Sinne wahrgenommen wird. Ladas unterscheidet hierzu in Bezug auf eine Untersuchung von Grimm mit Kampfsportfilmen zwischen schmutziger und sauberer Gewalt. Bei schmutziger Gewalt handelt es um eine Form von extrem brutaler das Opfer zerstörender Darstellung, bei der das Leid der Opfer stark fokussiert wird. Saubere Gewalt dagegen zeichnet sich durch ihre regelhafte unblutige Ausführung ohne starke negative Folgen für das Opfer aus. Weiterhin ist sie distanziert dargestellt und durch die Handlung legitimiert. Die Ergebnisse von Grimm zeigten, dass schmutzige Gewalt für den Zuschauer beängstigender, ekelhafter und traurig stimmender wirkte als saubere Gewalt. (vgl. Ladas 2001. S. 144-145). Die Gewalt in Computerspielen ist laut Ladas immer sauber. Sie ist rein funktionalistisch, dient dem sportlichen Wettbewerb, dem vorankommen, sie wirkt immer comichaft und ästhetisch. Die Folgen für die Opfer werden nie in Mitleid erregender Form dargestellt (vgl. Ladas 2001 S. 145). „ Übersehen wird im Hinblick von Gewalt, dass gewalthaltige Aktionen in einem Computerspiel durch den Spieler nicht im Sinne einer Schädigung des Opfers erlebt werden, sondern als eine wettbewerbsähnliche Situation, die Herausforderungen an seine Reaktionsfähigkeit stellt"(vgl. Büttner in Kladzinski 2005 S. 114).

In Computerspielen werden Bedrohungen generiert, dessen muss sich der Nutzer erwehren, und um dies zu erreichen, muss der Benutzer in einem funktionalistischen Sinne Gewalt anwenden. Gelingt ihm dies, ist es ihm möglich, die in dieser Arbeit schon oft erwähnten Gefühle von Macht, Herrschaft und Kontrolle zu erlangen (vgl. Fritz in Fritz Fehr, 2003 S. 54). Dabei muss es das Computerspiel schaffen Spannung zu erzeugen; dies geschieht in Form von Bedrohung. In den meisten Computerspielen, insbesondere denen der gewaltorientierten, bekommt der Nutzer im Laufe der Handlung immer bessere Waffen, er wird also in einem sehr kosumorientierten Sinne belohnt bzw. ist bestrebt, im Laufe des Spiels mit immer besseren Bewältigungsgütern belohnt zu werden. Die Gewaltanwendung besitzt also auch eine gewisse Warenform. „ Die Parallelen zum realen Warenbesitz in unserer Konsumgesellschaft bieten sich geradezu an"(vgl. Fritz in Fritz Fehr, 2003, S. 55).

Insgesamt existieren also sowohl das Bedürfnis, Gratifikationen zu erlangen (siehe auch Abschnitt 2.8.2 in Kapitel 2), als auch eine extrem distanzierte funktionalistische Wahrnehmung der Gewalt im Sinne der „sauberen Gewalt".

Zusammenfassend lässt sich feststellen, dass sowohl die funktionalistische Wahrnehmung der Gewalt, als auch das Bedürfnis der Auseinandersetzung mit Gewalt im Generellen die Gründe für die Faszination virtueller Gewalt darstellen.

4.3 Theorien zum Zusammenhang von medialer und realer Gewalt

Theorien zur Wirkung von Mediengewalt gibt es seit Beginn des zwanzigsten Jahrhunderts viele. Aufgrund der verschiedensten Arten der Darstellungen von Gewalt in den Medien ist es jedoch schwierig, in Form einer Theorie eine allgemeingültige Aussage zu treffen; dies muss gleich zu Beginn angemerkt werden (vgl. Ladas 2002 S. 71). Im Folgenden sollen nun verschiedene Theorien, die den Zusammenhang von virtueller und realer Gewalt beschreiben, dargestellt werden.

Theorie der kognitiven Dissonanz, Leon Festinger 1957:

Die Erfahrungen der Menschen müssen zur ihrer kognitiven Grundstruktur passen.

Da die meisten Menschen eine gewaltfreie Sozialisation genossen haben, lehnen sie Medieninhalte ab die nicht zu dieser Grundstruktur passen, weshalb sie nach Köhler in Bezug auf diese Annahme für 95% der Menschen wirkungslos seien, dagegen für die restlichen 5% verstärkend wirken können (vgl. Köhler, 2008 S. 148). Diese Theorie weist durchaus Ähnlichkeiten mit der im Kapitel 3 beschriebenen Theorie der Wirkungslosigkeit der Medien auf.

Katharsistheorie:

Diese Theorie geht im Wesentlichen schon auf Aristoteles zurück. Sie beinhaltet die Reduktion von Aggressionen durch deren Ausleben beim Konsum von Gewaltdarstellungen. Sowohl Köhler als auch Geyer beschreiben diese Theorie als überholt (vgl. Köhler S. 148) (vgl.Geyer 2006 S. 15).

Inhibutionsthese:

Aggressionshemmung geschieht durch Aggressionsangst und Schuldgefühle. Diese These findet heute kaum noch Verwendung, weil sie eine Erweiterung der Katharsistheorie darstellt (vgl. Geyer 2006 S. 15).

Kognitive Unterstützung:

Bei dieser Theorie von Feshbach und Singer 1971 wird durch das dynamische Mitvollziehen der Aggression in der Phantasie ein Prozess ausgelöst, der zur Impulskontrolle führt. Durch die Massenmedien wird der Rezipient kognitiv unterstützt und bekommt so die Möglichkeit, seine Aggressionen zu kontrollieren (vgl. Geyer. 2006 S. 15).

Lerntheorie:

Auf die Lerntheorie von Badura gehen verschiedene Theorien zur medialen Gewaltwirkung zurück. Die Lerntheorie beschreibt Lernen durch Imitation am Modell (vgl. Geyer 2006 S. 16).

Imitationstheorie: Konsum von gewalthaltigen Medien führt zu gewalttätigen Verhalten. Diese Theorie gilt als zu einfach bzw. nicht belegbar und wurde deshalb verworfen (vgl. Köhler 2008 S. 149).

Suggestionsthese: Diese Theorie von David Phillips 1974 besagt, dass nach Beobachten von gewalttätigen Medien ein unmittelbarer Nachahmungseffekt erfolgt. Diese Annahme entstand aufgrund der Suizid fälle nach prominenten Selbstmorden, dem so genannten Werther-Effekt. Geyer weist darauf hin, dass die These nicht haltbar ist, weil von einer unmittelbaren Medienwirkung kaum ausgegangen werden kann. Die Suizide sind vielmehr mit einer schon vorhandenen Disposition zu erklären (vgl. Geyer, 2006 S. 17).

Habitualisierungstheorie:

Diese Theorie geht von einer Desensibilisierung der medialen Gewalt im langfristigen Sinne aus. Dies geschieht in Form eines Gewöhnungseffektes, nachdem die Medieninhalte immer aggressiver und gewalttätiger werden müssen, um vom Nutzer noch wahrgenommen zu werden (vgl. Geyer 2006 S. 19). Diese Art von Abstumpfungseffekt gilt jedoch laut Köhler als unwahrscheinlich (vgl. Köhler 2008 S. 149)

Medienpsychologische Paradigmen der Gewalteinwirkung:

Emotions-und Arousal-Theorien:

Diese auf Zillmann zurückgehende Theorie besagt, dass die durch den Medienkonsum entstandene Erregung infolge falscher Zuschreibungen auf die Realität übertragen wird. Köhler merkt dazu an, dass infolgedessen jede Art von Medienkonsum zu aggressivem Verhalten führen müsste (vgl. Köhler 2008 S. 150).

Überlegungen auf Grundlage der Priming Forschung:

Gewalthaltige Medien begünstigen die Auseinandersetzung mit aggressiven Gedanken, zu aggressivem Verhalten führen (vgl. Köhler, 2008 S. 150)

Theorie des sozialen Lernens nach Badura:

Durch die Identifikation mit der Gewalt ausübenden Spielfigur werden die positiven Konsequenzen der Gewaltanwendung übertragen. Die Interaktivität beim Computerspielen wirkt stärker als das reine Beobachten (vgl. Köhler 2008, S. 150).

Sozialpsychologische Theorien:

Theorie des prosozialen Verhaltens:

Nach Wiegmann van Schie 1998 führt die Nutzung von gewalthaltigen Computerspielen nicht zu aggressivem Verhalten. Die häufige Nutzung hat jedoch negative Auswirkungen auf die Intelligenzwerte der Kinder (vgl. Köhler 2008 S. 151).

Attributionstheorien:

Die Theorie von Wingrove und Bond 1998 besagt, dass Misserfolg beim Computerspiel die Tendenz zu feindseligen Attributionen fördern kann.

Nach Mummendy und Otten 2002 können sich aggressive Verhaltensweisen entwickeln, wenn dem Gegenüber eine feindselige Intention unterstellt wird. Dieser Effekt tritt des öfteren bei aggressiven Persönlichkeiten auf (vgl. Köhler 2008 S. 151).

General Affective Agression-Modell:

Dieses Modell stammt von Anderson, Deuser, DeNeve und wurde 1995 entwickelt.

Es vereint viele Elemente verschiedener Medienwirkungstheorien wie der Imitations-, Simulations und Habilitations-These (vgl. Köhler, 2008 S. 152).Es steht damit auch in der Tradition des im Abschnitt 3.1 beschriebenen Stimulus Response Modells, also in der Tradition der Theorien die von einer unmittelbaren Medienwirkung ausgehen.

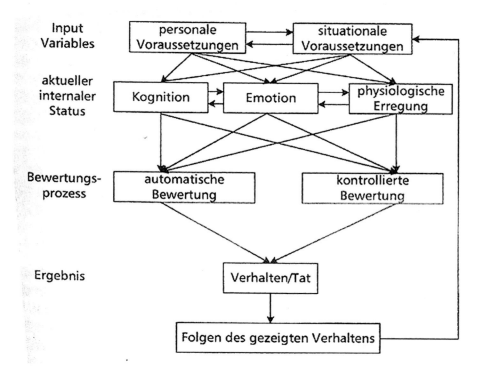

Abbildung 4: (vgl. Geyer 2006 S.23)

Das Modell erklärt in einer Art Zyklus die Zunahme von aggressivem Verhalten.

Am Beginn dieses Zyklus stehen Imputvariablen wie personale Voraussetzungen und situative Voraussetzungen, die darüber entscheiden, wie ein aggressiver Reiz wahrgenommen wird. Wie dieser Reiz weiterverarbeitet wird, darüber entscheiden Kognitionen (z. B. aggressive Gedanken), Emotionen (z. B. Ärger) und die physiologische Erregung (z. B. die Pulsfrequenz). Aufgrund dieser Faktoren findet dann ein automatischer oder ein kontrollierter Bewertungsprozess statt, in dessen Folge es entweder zu einem aggressiven Verhalten oder einer Tat kommen kann, oder auch nicht. Entsteht aus dieser Folge aggressives Verhalten, führt das zu einer Beeinflussung der situativen Voraussetzungen (vgl. Geyer 2006, S.22-23). Die durch den Vorgang des Modells kurzfristig entstandenen Aggressionen führen langfristig in Form der Verstärkung der situativen Voraussetzungen zur Ausbildung einer aggressiven Persönlichkeit (vgl. Köhler, 2008 S. 150-151). Der Grund, warum dies auch wirklich geschieht, ist die leichte Verfügbarkeit von aggressiven Kognitionen (Gedanken)(vgl. Köhler, 2006, S.150). Das GAAM Modell wurde in verschiedenen Studien überprüft wie in der von Anderson Dill 2000; die Ergebnisse sollen im folgenden Abschnitt beschrieben werden.

Transfermodell:

Einen wesentlichen theoretischen Erklärungsansatz zur Wirkung von Mediengewalt bietet auch das im Kapitel 3 vorgestellte Transfermodell von Jürgen Fritz.

Im Gegensatz zu allen bisher an dieser Stelle vorgestellten Theorien spricht das Transfermodell nicht von einer Medienwirkung, sondern von einem Austauschprozess zwischen Medium und Nutzer in Form des Transfers (vgl. Köhler 2008, S. 178).

Entscheidend für die Übertragung oder Nichtübertragung der Transfers von der einen in die andere Welt besonders aber in Bezug auf die Übertragung in die reale Welt, ist die Rahmungskompetenz. Die Rahmungskompetenz ist entscheidend dafür, dass es nicht zwangsläufig zu einer Übertragung von Medienwirkungen und damit auch Gewaltwirkungen kommt. Wie in Abschnitt 3.2 dargestellt, beinhaltet die Rahmungskompetenz die gesamte Summe der Erfahrungen und des Wissens des Menschen. Zudem wird die reale Welt im Besonderen gerahmt.

Für eine Übertragung von gewalttätigen Verhaltensweisen müssten ethisch moralische Transfers von der virtuellen in die reale Welt gelingen. Dass dies nicht der Fall ist, sollen die im folgenden Abschnitt dargestellten Untersuchungsergebnisse von Witting 2007 beweisen.

Unabhängig aber von den Ergebnissen, die für oder gegen eine Gewaltwirkung sprechen, stellt das Transfermodell einen Forschungsansatz bereit, der die Multifaktorialität der Mediennutzung und damit auch der Frage nach den Gewaltauswirkungen berücksichtigt (vgl. Köhler. 2008 S. 179).

4.4   Untersuchungen von Auswirkungen medialer Gewalt

Es gibt unzählige Untersuchungen zu den Auswirkungen medialer Gewalt einige auch über die Auswirkungen von Computerspielen. Dazu gibt es experimentelle Laborstudien, Fragebogenerhebungen, Langzeitstudien.

Weil die Darstellung aller Studien den Rahmen dieses Buches sprengen würde, will ich mich im Folgenden auf exemplarische Beispiele konzentrieren.

Steckel untersuchte im Jahr 1997 167 Kinder zwischen 7 und 14 Jahren bezüglich ihrer Persönlichkeit in einem Laborexperiment. Danach ließ sie die Kinder jeweils 20 Minuten entweder ein gewalttätiges (das Kampfspiel Street Fighter II) oder ein gewaltfreies (das Denk Geschicklichkeitsspiel Joshis Cooki) Bildschirmspiel spielen. Danach zeigte sie beiden Gruppen einige emotional aufregende und einige neutrale Dias. Anhand verschiedener Faktoren wie z. B. Mimik und anderen Äußerungen der Kinder wurde die emotionale Reaktion gemessen. Nach einer weiteren zehn minütigen Spielphase wurden andere psychologische Faktoren untersucht.

Das Ergebnis war ein negativer Einfluss des Kampfsportspiels auf das empathische Empfinden. Zudem zeigte sich bei Kindern mit einer aggressiven Prädisposition bzw. bei allgemein niedrig empathischen Kindern eine erhöhte Aggressionsmotivation. Diese Kinder waren nach den Befunden der Emotions Adjektivskala sogar erregter nach dem Spielen des gewaltfreien Spiels (vgl. Ladas 2002 S. 123-124).

Ladas kritisiert zum einen die generelle Laborsituation und die Übertragbarkeit der Ergebnisse auf die Realität. Bei der Übertragung von medialen Reizen könne höchstens von einer kurzfristigen Abstumpfung gesprochen werden(vgl. ebenda S. 123). Die Ergebnisse der Erregung der prädisponiert aggressiven Kinder können deshalb nicht auf die Realtiät übertragen werden, weil die aggressiven Kinder diese ja schon vor der Nutzung der Spiele besessen hätten und sie somit nicht auf diese zurückzuführen seien (vgl. ebenda S. 123). Weiterhin stellt sich das Problem des aktionsgeladenen Kampfspiels mit dem ruhigen Denk und Geschicklichkeitsspiel. Die Frage drängt sich auf, warum an dieser Stelle nicht lieber zu einem ähnlich aktionsreichen Rennspiel gegriffen wurde (vgl. ebenda S. 123).

Eine ähnliche Laborstudie wurde im Jahr 2000 von Anderson und Dill (Anm. Anderson ist der Vater des GAAM Modells) veröffentlicht. Zu ihrer Untersuchung ließen die Forscher 210 Psychologiestudenten in drei Sitzungen jeweils 15 Minuten Computerspielen.

Sie verwendeten für ihre Untersuchung den Egoshooter Wolfenstein 3D als Gewaltspiel und in einer Kontrollgruppe das Adventure Myst als gewaltloses Spiel. Ausgewertet wurde daraufhin ein Fragebogen zu Aggressionsgefühlen, die Messung von aggressiven Gedanken durch das Vorlesen von auf dem Bildschirm erscheinender aggressiver und nicht aggressive Wörter und die Messung von aggressivem Verhalten durch eine Art Spiel, bei dem mit Hilfe von Geräuschen anderen Teilnehmern Schaden zugefügt werden konnte (vgl. Ladas 2002 S. 119-121). Das Ergebnis der Untersuchung ergab, dass Spieler, die das Aktionspiel gespielt hatten, härtere Strafen vergaben und zudem die aggressiven Botschaften schneller lasen. Demnach würden Computerspiele einen Zugang für aggressive Gedanken liefern, die Ergebnisse spiegeln die Annahmen des General- afective- aggression Models wider (vgl. Geyer 2006 S. 28-29). Ladas kritisiert auch hier wieder die Auswahl der Spiele. Während Wolfenstein 3D ein schnelles Reaktionsspiel ist, handelt es sich bei

Myst um ein klassisch ruhiges Adventure. Bei Wolfenstein werden die Bilder in Echtzeit mittels direkter Steuerung vermittelt, es kommt auf schnelle Reaktionen an, dagegen ist Myst ein klassisches Point and click Adventure bei dem es auf das Lösen von Rätseln ankommt und bei dem Spielgeschwindigkeit keine Rolle spielt. Ein weiterer Unterschied ist die bei Wolfenstein zu vernachlässigende Geschichte, wogegen diese bei Myst einen großen Raum besitzt.

Innerhalb der 15 Minuten beispielsweise konnten die Probanden von daher das eher komplexe Spiel Myst gar nicht richtig erfassen. Insofern waren die Spieler durch die Anforderungen des Aktionspiels deutlich erregter als durch das ruhige komplexe Adventure, das seinen Fokus im Gegensatz zur Erregung eher auf dem Nachdenken hat (vgl. Ladas 2002, S. 120-121). Ladas kritisiert weiterhin die Bedingungen der Laborsituation, bei der die Probanden beispielsweise beim Bestrafungstest die Anweisungen über Kopfhörer erhielten (vgl. ebenda S. 123). Kutner und Olson kritisieren zudem die Voraussetzungen der Untersuchungen von Anderson u.a die in ihrer Eigenschaft als experimentelle Psychologen, immer mit Laboruntersuchungen versuchen Gegebenheiten der realen Welt zu erklären. Zudem benutzen sie für ihr Experiment Psychologiestudenten, die sich ein paar Dollar verdienen wollten (vgl. Kutner, Olson, 2008 S. 64-65). Insofern kann aufgrund der Versuchsanordnung und der allgemein schwierigen Übertragbarkeit von Laboruntersuchungen auf die Realität nicht von einem kausalen Zusammenhang von Erregung und aggressiven Gedanken durch das Spielen von Bildschirmspielen gesprochen werden.

Mößle, Kleinmann und Rehbein untersuchten im Auftrag des Kriminologischen Forschungsinstitutes Niedersachsen im Jahr 2005 das Mediennutzungsverhalten von 19.830 westdeutschen Jugendlichen (vgl. Mößle Kleinmann Rehbein 2007 S. 48).

Das Ergebnis der Untersuchung war eine Korrelation von schlechten Schulleistungen mit der erhöhten Nutzung bzw. erhöhter Verfügbarkeit von Mediengeräten. Weitergehende Ergebnisse waren eine ebenfalls negative Korrelation mit der Gewaltprävalenz von Schülern der vierten Klasse beim Spielen von ab 16 oder ab 18 Jahre freigegebenen Computerspielen (vgl. ebenda S. 93-94). Ein weiteres Ergebnis war, dass das Bildungsniveau der Eltern sich entscheidend für bessere Schulleistungen darstellte bzw. das eine aktive Medienerziehung der Eltern zu einer verringerten Präferenz für Mediengewalt bzw. Mediennutzungszeiten führte (vgl. ebenda S. 99). Ein weiteres Ergebnis ergab einen Zusammenhang zwischen der Nutzung von Computerspielen und Gewaltprävalenz. Hierzu entwickelten die Autoren ein Modell das Aussagen der vorhandenen Literatur mit ihren Ergebnissen in Verbindung setzt.

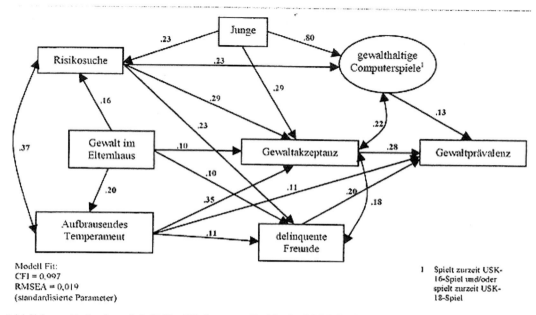

Abbildung 5: (vgl. vgl. Mößle Kleinmann Rehbein 2007 S. 111)

So ergibt sich dieser Zusammenhang bzw. die Gewaltprävalenz durch das Spielen von ab 16 oder 18 Jahren freigegebenen Computerspielen, das zu einer gesteigerten Gewaltakzeptanz führt, welche sich schließlich zur Gewaltprävalenz entwickelt (vgl. ebenda S. 111). Es muss konstatiert werden, dass die Gewaltakzeptanz wie ersichtlich auch durch vielfältige andere Faktoren wie delinquente Freunde oder Gewalt im Elternhaus gespeist wird. Die Autoren stellen am Ende ihrer Studie fest, dass sich trotz anderer wichtiger Einflussfaktoren ein direkter Zusammenhang zwischen der Gewaltprävalenz von Jugendlichen und der Nutzung von gewalthaltigen Computerspielen ergibt (vgl. ebenda S.112). Allerdings merken sie schon im nächsten Satz ihrer Zusammenfassung an: "Eine klare Kausalität dieses Zusammenhangs ist zwar aufgrund des querschnittlichen Forschungsdesings nicht zweifelsfrei zu folgern, stellt aber nach Kontrolle weiterer Einflussfaktoren in einem Pfadmodell und unter Berücksichtigung der aktuellen Forschungen in diesem Bereich die naheliegendste Interpretation dar" (vgl. Mößle, Kleinmann, Rehbein 2007 S.112). Die Forscher widersprechen sich also, wenn sie erst von einem direkten Zusammenhang und dann von keiner klaren Kausalität sprechen. Die Autoren, auf die sie sich hauptsächlich beziehen, sind die oben erwähnten Anderson u.a und das von ihnen entwickelte General Affektiv Aggresion Modell, das ganz in der Tradition der Ursache Wirkungstheorien steht. Somit lassen durch die Widersprüche selbst und die kritische Bewertung von den von Mößle, Kleinmann und Rehbein verwendeten Autoren erhebliche Zweifel an der Aussage eines direkten Zusammenhangs der Nutzung gewalthaltiger Computerspiele und der Gewaltprävalenz von Jugendlichen aufkommen.

Kutner und Olson befragten 1254 Mittelstufenschüler im Alter von von 12 bis 14 Jahren nach ihrem Computerspielverhalten. Das Ergebnis: beliebtestes Computerspiel bei Jungen und das zweitbeliebteste bei Mädchen ist das (in den USA) ab 17 Jahren empfohlene Spiel Grand Theft Auto (vgl. Olson Kutner 2008 S. 91-92). Auch die Ergebnisse von Olson und Kutner zeigten einen Zusammenhang zwischen dem von ab 17 Jahren empfohlenen Computerspielen bzw. dem ausschließlichen Spielen von solchen Produkten und Problemen wie körperliche Auseinandersetzungen oder schlechten Schulnoten bei Jungen (vgl. ebenda S. 98 99). Ungefähr dieselben Ergebnisse ergaben sich bei Mädchen, von denen aber die Zahl derer, die ausschließlich ab 17 Jahren empfohlenen Spiele spielt, in der Minderheit sei. Im Gegensatz zu vielen ihrer Kollegen stellen Kutner und Olson trotz der Korrelationsergebnisse keinen kausalen Zusammenhang zwischen jugendlicher Delinquenz und dem Spielen von ab 17 Jahren empfohlenen Computerspiele her. "Again playing M-ratet games may not be the cause of such problems as lower grades in school; it may be that children doing poorly in school attracted to these games so they can be successful at somethin. There may be other factors influecing both"(vgl. ebenda S. 99).

In einem Interview mit dem Sydney Morning Herald bestätigt Cheryl Olson „But correlations don't tell us about cause and effect. For example, children with aggressive personalities may play more violent games, or children who get poor grades may express their frustration by playing violent games.

Boys who rarely or never play video games are also at higher risk for some problems, compared to boys who do play. We don't know why, there weren't enough of these boys in our study to analyse properly"[23].

Eine weiteres Ergebnis ihrer Untersuchung war, dass aggressive Kinder eher dazu neigen gewaltorientierte Computerspiele zu spielen. Diese Personengruppe favorisiert generell eher Gewalt orientierte Betätigungen wie z.B. American Football oder Wrestling (vgl. ebenda. S. 103).

Die Autoren bestätigen weiterhin das Massenphänomen der Computerspiele. Von den 1254

---

[23]   http://blogs.smh.com.au/screenplay/archives//018145.html gesehen am 26.03.2010

befragten Kindern hatten nur 17 noch nie ein Computerspiel gespielt (vgl. Kutner, Olson S. 89). An vielen Stellen ihrer Veröffentlichung betonen sie die soziale Komponente von Computerspielen, so bestätigten beispielsweise 40% der befragten Jungen und ein Drittel der Befragten Mädchen, dass die Attraktivität von Computerspielen in der Tatsache bestehe, dass ihre Freunde auch spielten (vgl. ebenda S. 129).

Die Erkenntnisse der Studie von Kutner und Olson, aber auch die vorher genannten von Mößle Kleinmann und Rehbein, bestätigen, dass das Spielen von gewaltorientierten Computerspielen im Zusammenhang mit Gewalttätigkeit oder Prävalenz stehen kann.
Der Unterschied zwischen beiden Autoren und Studien ist, dass Kutner und Olson die vielfältigen anderen Faktoren, die zu dieser Gewaltorientierung führen können, berücksichtigen, während diese von Mößle, Kleinmann und Rehbein zwar auch genannt, aber von jenen dennoch ein direkter Zusammenhang zwischen einem dieser Faktoren und dem Computerspielen hergestellt wird.
Die Erkenntnis aus den Ergebnissen dieser Studien lautet also zusammengefasst. Gewalt orientierte Computerspiele können ein Faktor unter vielen wichtigen anderen für eine Gewaltprävalenz darstellen. Zudem muss ganz deutlich darauf hingewiesen werden, dass für Erwachsene empfohlene oder freigegebene Computerspiele selbstverständlich nicht von Kindern oder Jugendlichen gespielt werden sollten.

Eine andere Herangehensweise zu der Thematik ermöglicht das auf Jürgen Fritz zurückgehende Transfermodell. In ihrer Fragebogenstudie und darauf folgenden Veröffentlichungen beantwortet Witting die Frage nach ethisch-moralischen Transfers von der virtuellen Welt in die reale Welt. Die wichtigste Frage, ob Computerspiele gewalttätig werden lassen können, ist die nach den Transfers bei Gewalt orientierten Spielen, wie z.B. Ego Shooter, von der virtuellen in die reale Welt. Tanja Witting hat zu diesem Zweck mit 50 Personen im Alter von 16-35 Jahren (Durchschnittsalter 23,8 Jahre) eine Interview-Untersuchung durchgeführt (vgl. Witting, 2007 S. 76). Das Ergebnis war, dass es beim Spielen von Ego-Shootern in geringerer Form zu instrumentell handlungsorientierten Transfers von der virtuellen in die reale Welt kommen kann. Nach langen Spielsitzungen oder kurz nach dem Spielen kommt es vor, dass der Spieler die reale Welt aus den Augen des Schützen betrachtet, das heißt der Spieler die Welt viel aufmerksamer und angespannter wahrnimmt, als es nötig ist. Witting berichtet auch von instrumentell handlungsorientierten Transfers in die mentale Welt. Dies bedeutet, dass die für die Bewältigung der Shooter benötigten Wahrnehmungsschemata erlernt werden, die sich dann auf andere Spiele gleichen Typs anwenden lassen. Weiterhin beschreibt Wittig das Verbalverhalten betreffende Transfers von der virtuellen in die reale Welt, indem z. B. bestimmte Chatkürzel die im Multiplayer Spiel verwendet werden und auch in der realen Welt, zur Anwendung kommen (vg. Witting 2007 S. 228-229). Die wichtigste Frage ist die der Übertragung von ethisch moralischen Transfers der Shooter von der virtuellen in die reale Welt. Die vordergründigen Ergebnisse Wittings hierzu bestehen darin, dass es zu keinen Transfers kommt, weil die meisten Spieler das Töten im Spiel unter funktionalen Gesichtspunkten sehen, also überhaupt keine ethische Bewertung erfolgt (vgl. ebenda, 2007 S. 229). Auch Manuel Ladas weist deutlich auf die funktionalistische Form der Gewalt in Shootern hin, die Gewaltziele seien keine Opfer sondern „Inventar" (vgl. Ladas, 2002 S. 142) (vgl. hier auch Abschnitt 4.1). Witting fand weiterhin heraus dass, obwohl es in den seltensten Fällen zu ethisch moralischen Transfers von der virtuellen in die reale Welt kommt (so berichtete ein Spieler z. B, davon Kriege nun aus taktischen oder strategischen Gesichtspunkten zu sehen wie bei einem Computerstrategiespiel), dies jedoch umgedreht sehr wohl häufig der Fall ist. So spielen Spieler bestimmte Spiele nicht, wenn sie ihren ethisch moralischen Vorstellungen nicht entsprechen, z. B. wenn diese Spiele rechtsextreme Inhalte besitzen. Auch spielt der Grad des Realismus für das Ablehnen eines Spieles eine große Rolle (vgl. Witting 2007 S. 230). Auch die eine Wertung der Gewaltanwendung ist ausschlaggebend: „ Sind die Spieler der Meinung, die dargestellte virtuelle Gewalt zielt auf die Vermittlung der Freude am Töten, ist für die meisten ein Punkt erreicht, an dem sie sich, motiviert durch starke ethisch moralische Transfers, von den entsprechenden Bildschirmspielen distanzieren" (vgl. Witting, 2007 S. 230-231). Elemente, die den Transfer beim Spielen begünstigen können, sind z. B. eine lange Spielzeit und ein entsprechend längerer Übergang, oder wenn Spiele eine hohe Nähe zur Lebenswelt besitzen (wie bei den Rennspielen in Kaptiel 3 Abschnitt 3.3 beschrieben). Den Transfer von Spielinhalten hemmt vor allem die Rahmungskompetenz der Spieler, die sich in der deutlichen Benennung der Rahmenhandlung durch den Spieler äußert (vgl. Witting, 2007 S. 236-237). Den Transfer begünstigen können Faktoren, wie eine nicht hinreichend ausgebildete Rahmungskompetenz oder eine zu starke Identifikation mit den Spielfiguren. Esser und Witting bestätigen, dass eine weitere Forschung zu Transfer hemmenden oder begünstigenden Faktoren nötig wäre (vgl. Esser Witting, 2003 in Fritz Fehr S. 47). Ladas schreibt, dass sich die Rahmung schon beim gezielten starten des Spiels zeigt, also vor dem eigentlichen Spielgeschehen noch bevor durch das Menü das eigentliche Spiel gestartet wird. Aufgrund dessen kommt es beim spielen zu keiner Schwächung der Rahmung weil diese dann schon vom Spieler vollzogen ist (vgl. Ladas, 2002 S. 108). Ladas selbst kam in seiner eigenen Untersuchung zum Ergebnis, dass die meisten Spieler eine hohe Rahmungskompetenz besitzen (vgl. Ladas 2001 S. 313). Da die Spieler, wie die Ergebnisse von Ladas und Witting zeigen bereits eine hohe Rahmungkompetenz besonders der realen Welt besitzen, und die Rahmung, wie Ladas sie beschreibt, vor dem eigentlichen Spielen geschieht, ist von einer Gefahr der Übertragung von ethisch-moralischen, informell handlungsorientiertem Transfer von der virtuellen in die reale Welt, nicht auszugehen. Dies geschieht auch bezüglich der kausalen Übertragung des gewalttätigenden Handelns vom Bildschirm in die Realität.

4.5   Empathiereduktion

Wie im vorhergehenden Abschnitt an der Untersuchung von Steckel deutlich wurde, besitzen Computerspiele immer den Vorwurf der Abstumpfung, auch die Forscher des KfN Forschungsinstitutes weisen immer wieder auf diesen Zusammenhang hin (vgl. Hönck, Kleinmann, Pfeiffer, Rehbein in Zimmermann Geißler 2008 S. 68). Deshalb soll nun in diesem Abschnitt näher auf diese Frage eingegangen werden. Laut Köhler findet eine Identifikation mit den Spielfiguren nicht statt (vgl. Köhler 2008 S 163). Auch Fritz beschreibt Computerspiele als empathie-freien Raum, in dem viel mehr strategisch- taktisches Vorgehen verlangt wird (vgl. Fritz in Fritz Fehr, 2003 S. 56). Infolge dieser Feststellung liegt die Vermutung nahe, dass Computerspiele deshalb eine Empathie reduzierende Wirkung besitzen, weil sie mit zunehmender Spielzeit die Zeit vermindern, in der sich Empathie heraus bilden könnte (vgl. ebenfalls Fritz in Fritz Fehr, 2003 S. 57). Empathie sei nur in der realen Welt erlernbar und verlernbar (vgl. Fritz in Fritz Fehr 2003 S. 56). Ladas widerspricht der These der Empathiereduktion, weil das Computerspiel oft gemeinsam gespielt wird und darüber geredet wird (vgl. Ladas, 2002. S. 154). In ihrer (auch in Abschnitt 4.2 beschrieben) Laborstudie stellte Rita Steckel allerdings eine Empathie reduzierende Wirkung von Computerspielen fest (vgl. Ladas 2002 S. 155)."Beim spielerischen Umgang mit Gewalt im Videospiel, bei dem aggressive Konfliktlösungen gefordert sind und empathisches Mitfühlen mit dem Aggressionsopfer nicht gefragt ist, sollte diese emotionale Abstumpfung noch deutlicher hervortreten"(vgl. Steckel 1998 S.192). Aufgrund des Laborsettings und der nicht langfristigen Untersuchung bestehen laut Ladas Probleme bei der Übertragbarkeit dieser Untersuchungsergebnisse in einem langfristigen Sinne. Er weist aber daraufhin (wie in dieser Arbeit auch in Abschnitt 3.2 beschrieben), dass aufgrund der generellen Erregung Effekte der Arousal Moderation entstehen können. Weiterhin sei es eine Voraussetzung für die Mitleidsreduzierung, dass Computerspiele generell Mitleid erregende Darstellungen besäßen, was aber (wie in Abschnitt 4.2 beschrieben) bei Computerspielen nicht der Fall ist (vgl. Ladas 2002, S. 156). Auch wenn von einer wirklichen Abstumpfung im Sinne einer Übertragung des Computerspielinhaltes auf die Realität nicht ausgegangen werden kann (vgl. Abschnitt 4.4), bleibt die Frage nach der fehlenden Zeit zum Erlernen von Empathie offen. Hierzu, wie zu der langfristigen Wirkung von Computerspielen sind weitreichende Längsschnittstudien erforderlich. Zeitangaben, die die Nicht-Ausbildung der Empathiefähigkeiten beschreiben, werden in der Literatur nicht dargestellt. Somit kann momentan in einem seriösen Sinne nicht von der Plausibilität einer Empathiereduktion gesprochen werden.

4.6 Waffentraining

Einer der wesentlichen Fragen nach den Gefahren von Computerspielen ist die Frage ob mit Hilfe der Spiele der technische Gebrauch einer Waffe trainiert werden kann. Besonders im Zusammenhang mit Amokläufen wurde dieses immer wieder vermutet (vgl. Kutner Olson 2008, S. 95 bzw. S. 6). So ist z.B. der Fall des 14 Jährigen Michael Carneal bekannt geworden, der eine Pistole aus dem Haus des Nachbarn stahl, und dann auf betende Schüler schoss. Er traf aus einer Entfernung von 6,5 Metern mit einer Genauigkeit von annähernd einer von fünf Kugeln (vgl. Kutner Olson, 2008 S. 193). Laut seiner Aussage hatte dieser Junge noch nie vorher eine Waffe in der Hand. Dave Grossmann führt dies als Beweis an, dass das Trainieren des Gebrauchs einer Schusswaffe durch Computerspiele möglich ist (vgl. Grossmann S. 89). Kutner und Olson befragten, um diesen Fall zu untersuchen, einen Ausbilder der amerikanischen Polizei Sondereinsatzkomandos SWAT. Dieser merkte an, dass man mit Computerspielen zwar das Bestimmen eines Ziels und das Reagieren auf ein Ziel erlernen kann, aber nicht die Haltung, die Balance, die Atemkontrolle und den Rückstoss. Zudem seien die Schüsse,die Michael Carneal abgab, gar nicht gezielt gewesen. Aus einer so nahen Distanz wie den gut 7 Metern die Carneal von seinen Opfern entfernt war, sei es gar nicht nötig gewesen zu zielen. Es sei lediglich erforderlich, die Waffe ungefähr in die Richtung der recht großen Ziele zu halten. Somit seien die Treffer von Carneal keineswegs auf eine Schützen-Ausbildung zurückzuführen, sondern lediglich (Un)Glückstreffer (vgl. Kutner Olson 2008 S. 193-194).

Ein weiteres von Grossman angeführtes Argument für die Schützenausbildung durch

Computerspiele ist der Einsatz von Soldatentrainingsimulatoren des US-Militärs (vgl. Grossmann, 2002 S. 86). Weil die Soldaten durch das Training an diesen auf Computerspielen basierenden oder ähnlichen Simulatoren ausgebildet werden, zieht Grossmann einen kausalen Zusammenhang zu der Ausbildung von Kindern und Jugendlichen an der Waffe durch das Spielen zu Hause (vgl. ebenda S. 86). Grossmann berücksichtigt bei dieser These jedoch nicht den Kontext des Spielens oder der Ausübung dieser Simulatoren. Der Soldat weiß, dass die Simulatoren ein unmittelbarer Teil seiner Ausbildung sind neben dem Trainieren einer richtigen Waffe. Somit weist der Soldat dem Kontext des Trainierens an den Simulatoren eine ganz andere Bedeutung zu als der normale Zivilist, der ähnliche Computerspiele nur aufgrund von Unterhaltung spielt. Eben dieses Argument spricht deutlich für die Entkräftung von Grossmanns These, man könne mit Computerspielen zu unmittelbarem Waffentraining gelangen (vgl. Hartmann 2007 S. 168).

4.7   Altersfreigabensysteme

Die Forscher des kriminologischen Forschungsinstitutes Niedersachsen fordern eine grundlegende Reform des deutschen Altersfreigabesystems der USK (Unterhaltungssoftware Selbstkontrolle). Die grundlegende Kritik an der USK besteht darin, es würden viele Spiele freigegeben, die eigentlich indiziert werden müssten (vgl. Hönck, Kleinmann, Pfeiffer, Rehbein in Zimmermann Geißler 2008 S. 67-68). In der Konsequenz fordern die Autoren eine stärkere Zusammenarbeit der USK mit der BpjM (Bundesprüfstelle für jugendgefährdende Medien), die zur Folge haben soll, dass Indizierungen „im Zweifelsfall" häufiger ausgesprochen werden. Weiterhin fordert Christian Pfeifer eine eigenständige strafrechtliche Verbotsform, während den anderen Autoren die geltende Strafverfolgung im Rahmen des §131 Stgb (Gewaltdarstellung) genügt (vgl. ebenda S. 69).

Anlass dieser Forderungen sind, nicht nur die Kritik an der Praxis der USK, sondern auch die Erkenntnisse aus der oben erwähnten hauseigenen Studie, nach der ab 16 bzw. 18 Jahren freigegebene Spiele häufig von jüngeren gespielt werden. Es stellt sich natürlich die Frage, ob der Schutz dieser Zielgruppe durch mehr Indizierungen von Spielen Rechnung getragen werden könnte. Hierzu kann es hilfreich erscheinen, die weltweiten Altersfreigabe und Kennzeichensysteme kurz darzustellen. Das US amerikanische ERSB (Electronic Software Rating Board) System ist ein vollkommen freiwilliges Siegel der Industrie, das unabhängig von der Regierung Alterskennzeichnung vergibt (vgl. Kutner Olson, 2008 S. 168). Das japanische System ist dem amerikanischen ähnlich, mit dem Unterschied, dass die Regierung über den Verkauf wacht, im Gegensatz zu den freiwilligen Restriktionen der Amerikaner. An dieser Stelle sei darauf hingewiesen, dass die zwei größten Produzentenländer von Video- und Computerspielen größtenteils Industriekontrollsysteme besitzen. Sind also von der Industrie und deren Interessen abhängig. Dagegen stehen Kontrollsysteme, die von der Regierung gefördert und unterstützt werden, in denen verschiedene Personengruppen, wie z.B. auch Wissenschaftler, über die Kennzeichnung entscheiden. Hierzu zählt z. B, auch die PEGI (pan european game infomation) (vgl. ebenda S. 169), dieses von der Europäischen Union geförderte System gilt in 30 Europäischen Ländern. Deutschland besitzt mit der USK ein eigenes Altersfreigabesystem. Die Kennzeichnung erfolgt durch ein 50 Personen umfassendes Gremium, das aus unterschiedlichen von den Bundesländern benannten Personen besteht. Unter diesem befinden sich sowohl z. B. Träger der Jugendhilfe als auch kirchliche Vertreter[24]. In Deutschland dürfen Spiele oder DvDs ohne Alterskennzeichnung nicht an Kinder und Jugendliche verkauft werden. In Australien, das ein ähnliches System wie Deutschland besitzt, dürfen diese sogar an Erwachsene nicht ohne Kennzeichnung verkauft werden (vgl. ebenda S.169-170). Die Alterseinstufungskriterien spiegeln dabei auch immer die Kultur. Während in Amerika sexuelle Inhalte und sprachliche Kraftausdrücke zu einer höheren Einstufung führen, ist es in Europa bzw. besonders in Deutschland die Darstellung von Gewalt (vgl. ebenda S. 171). Deutschland und Australien sind zudem die Länder, in denen die meisten Computerspiele indiziert werden (vgl. ebenda S. 171).

Vergleicht man die Voraussetzungen und Alterseinstufungen der verschiedensten Länder, kommt man zu diesem Ergebnis: Deutschland besitzt weltweit neben Australien die schärfsten Richtlinien zum Verkauf von Computerspielen. Diese werden von Vertretern verschiedenster Professionen und Organisationen überprüft und vom Staat überwacht.

In Bezug auf die oben genannten Forderungen stellt sich die Frage nach den Konsequenzen für den Jugendschutz im Falle von mehr Indizierungen. Laut der USK Statistik von 2009 erhielten nur 5,8% der geprüften Spiele keine Jugendfreigabe 1,1% wurden indiziert, immer noch 10,8% der Spiele erhielten eine Freigabe ab 16 Jahren[25] . Dieser Anteil von für ältere Jugendliche oder Erwachsene konzipierten Spiele am gesamten Markt ist also entsprechend gering. Insofern würden weitere Verbote oder Indizierungen der Klientel von unter 18 oder 16 jährigen Kindern und Jugendlichen nichts nützen. Die eigentliche Frage, die in diesem Zusammenhang genannt werden muss, besteht eher in der Durchsetzung der

---

[24]   vgl. http://www.usk.de/media/pdf/215.pdf S. 8 gesehen am 29.03.2010
[25]   vgl. http://www.usk.de/images/1009_bg.png gesehen am 29.03.2010

Altersgemäßen Richtlinien. Wie kann die Tatsache verhindert werden, dass Kinder und Jugendliche an Medien gelangen, die nicht für ihr Alter freigegeben wurden? Am Ende des Artikels der KfN Forscher setzen sich diese für die Förderung und Stärkung der Eltern ein, die ihre Kinder vor nicht für sie freigegebenen Medien bewahren sollen (vgl. Hönck, Kleinmann, Pfeiffer, Rehbein in Zimmermann Geißler 2008 S. 69).

Auf den Eltern oder Personen, die Aufsicht über Kinder und Jugendliche ausüben, sollte der Fokus von staatlichen Interventionen und Förderprogrammen liegen. Mittlerweile gibt es vielfältige Softwareangebote, mit denen auf dem Computer von den Eltern eingestellt werden kann, welche Programme die Kinder nutzen dürfen. Entsprechende Elternkontrollen besitzen aktuell auch alle populären Spielekonsolen (vgl. Kutner Olson, 2008 S. 186). Der Umgang damit könnte dabei in z. B. von der Regierung geförderten Workshops erlernt werden. Die Forderung nach strengeren Richtlinien und mehr Verboten geht meiner Meinung nach von daher an der wirklich entscheidenden Frage der Durchführung der Alterskennzeichnungen vorbei.

4.7   Zusammenfassung Fazit Folgerung

Die Ursachen der Präferenz vieler Menschen für Gewalt beinhaltende Medien- und Computerspiele sind vielfältig. Zum einen spielt die Bearbeitung von in der Kultur vorhandener Gewalt eine Rolle. Zum anderen wird die Gewalt im Spiel nicht als Gewalt wahrgenommen, sondern in funktionalistischer Form zu Beherrschung des Spiels eingesetzt. Die reale Benutzung einer Schusswaffe kann in Computerspielen deshalb nicht trainiert werden, weil zum einen zur technischen Handhabung der realen Waffe bestimmte physische Fähigkeiten erforderlich sind, und zum anderen das Schießen auf virtuelle Gegner unter ganz anderen Voraussetzungen geschieht. Jemand, der in den virtuellen Krieg zieht, tut dies unter der Prämisse der Unterhaltung, ganz im Gegensatz zu einem Soldaten, der einen dem Computerspiel ähnlichen Simulator benutzt und diesen Vorgang im Zuge seiner realen Soldatenausbildung wahrnimmt.

Die Ursachen für Gewalttätigkeit sind komplex. Der Konsum von Gewalt beinhaltenden Medien kann, wenn überhaupt, nur ein Teilaspekt der Gewaltbereitschaft sein. Computerspiele, das zeigen die Studien von des Kfn Forschungsinstitutes und von Kutner und Olson, können ein Faktor für die Gewaltprävalenz bei Menschen sein. Die anderen Faktoren, wie Gewalt in der Familie delinquente Freunde etc., sind jedoch meiner Meinung nach entscheidender bzw. von der Gewichtung des Gesamtkomplexes durchaus höher zu bewerten als das Nutzen von Computerspielen (vgl. auch Köhler 2008, S. 212). Auf die große Masse der Jugendlichen, die Gewalt beinhaltende Computerspiele nutzen, haben diese keinerlei negative Auswirkungen in ihren realem Leben. Wie die Studien von Ladas und Witting zeigen, übernehmen die Nutzer keinesfalls die ethisch moralischen Werte, die in den Computerspielen dargestellt werden, in die Realität sondern bewerten die Inhalte dagegen viel eher kritisch nach den in der realen Welt gelernten Maßstäben. Die wichtigste Erkenntnis in diesem Zusammenhang ist meiner Auffassung nach die Tatsache, dass die Rahmung der realen Welt schon vor dem Spielen vollzogen wird. Damit scheiden Theorien oder Forschungsansätze, die einen monokausalen Zusammenhang des Spielens zur realen Gewalttätigkeiten annehmen aus. Es ist festzustellen, dass besonders die Forschung, die solche Ursache Wirkungsthesen vertritt, nicht die verschiedenen Faktoren, die die Tätigkeit des Computerspielens beinhaltet, berücksichtigt. Der Nutzer, der, wie in (Kapitel 3 Abschnitt 3.2) dargestellt, der wichtigen realen Welt die größte Bedeutung beimisst, besitzt bevor er mit einem Computerspiel beginnt, schon ganz viele in dieser Welt erlernte Voraussetzungen, die in die Bewertung der Spieltätigkeit mit einfließen. Deshalb sollten sowohl der Nutzer und seine Fähigkeiten, die er mitbringt, als auch die Interaktion des Nutzers mit dem Medium bei der Bewertung der Medienwirkung von Gewalt beinhaltenden Computerspielen im Vordergrund stehen.

Zu einer Abstumpfung durch das Spielen kommt es deshalb nicht, weil Empathie in der realen Welt erlernt wird. Die Frage bleibt dagegen offen, ob die Empathiefähigkeit bei einer (unverhältnismäßig) häufigen Konsum von Computerspielen nicht richtig ausgebildet werden kann. Was man im Sinne einer negativen Wirkung feststellen kann, ist der nach der Benutzung eines erregenden Computerspiels kurzfristig auftretende Effekt des Transfers dieser Erregung in die reale Welt. Aufgrund dieser Kurzfristigkeit kann jedoch nicht von einer längerfristigen anhaltenden Beeinträchtigung gesprochen werden.

Bezüglich der Verschärfung des Altersfreigabesystems bleibt festzustellen, dass Deutschland bereits eines der schärfsten Altersfreigabesysteme der Welt besitzt. Es steht außer Frage, dass Kinder und Jugendliche keine für Erwachsene freigegebenen Spiele nutzen sollten. Die Auswirkung von mehr Verboten von für Erwachsene freigegebenen Spielen bleibt daher fraglich. Hier sollte vielmehr ein stärkerer Fokus auf die Ausführung der bereits geltenden Regeln gelegt werden bzw. auf die Unterstützung von Erziehungsberechtigten und Aufsichtspflichtigen (vgl. auch Fritz in Rötzer 2003 S. 111).

Abschließend bleibt festzustellen, dass der Gewaltfrage in Computerspielen auch in Zukunft von Wissenschaft und Gesellschaft nachgegangen werden muss. Medien verändern sich und das Medium Computerspiele ist ein sich sehr schnell veränderndes Medium. Wünschenswert wären Längsschnittstudien, die sich langfristiger und tiefer mit der Thematik beschäftigen. Diese sollten dabei immer die Komplexität der Medien und des Menschen, der sie nutzt, berücksichtigen. Insgesamt kann und darf es im Umgang mit einem modernen populären Medium keine einfachen Lösungen im Sinne von generellen Verboten oder simpler Bewahrpädagogik gegeben. Stattdessen sollten die Kompetenzen im Umgang mit dem Medium von jeder Personengruppe im Fokus stehen.

5. Computerspielsucht

Neben der These, dass Computerspiele den Nutzer gewalttätig werden lassen, hat sich ein zweites großes Thema in den letzten Jahren etabliert, das der Computerspielsucht. Allein das Onlineangebot des Heise-Verlags vermeldet 17 News dazu in einem Zeitrahmen der letzten vier Jahre (Stand 08.02.2010). Praktisch jedes größere bekannte Printmedium in Deutschland hat schon einmal etwas zu dem Thema veröffentlicht, so titelt beispielsweise Focus Online „Verloren in der virtuellen Welt" [26], faz.net: „Spielen bis zum Zusammenbruch"[27] oder der Tagesspiegel: „Game over für Computerspielsucht"[28]. Im Internetvideoportal Youtube lassen sich darüber Fernsehberichte fast jedes großen Senders finden. Dabei wird, wie im eben erwähnten Tagesspiegel-Artikel, von extremem Spielverhalten berichtet, von bis zu 18 Stunden am Tag. Andere bekannt gewordene Extremfälle berichten sogar von zwei asiatischen Spielern, die nach dem exzessiven Spielen an Erschöpfung gestorben sind.[29] Das Thema ist in aller Munde und so bemüht sich auch die Forschung um Aufklärung. So listen Rehbein, Kleinmann und Mößle im theoretischen Teil ihrer eigenen Studie zum Thema vier nationale und zwei internationale Studien zum Thema auf (vgl.. Rehbein Kleinmann Mößle 2009); jugendnetz-berlin.de berichtet sogar von insgesamt 46 Studien weltweit[30]. Weiterhin werden momentan in jüngster Zeit eine Menge Diplomarbeiten zum Thema geschrieben und veröffentlicht. Wenn man die Foren der Onlinerollenspiele durchstöbert, stößt man immer wieder auf Umfragen und Fragebögen[31]. Man sieht auch, dass das Thema aktuell ist, an der hierzu verwendeten Literatur. Keines der Bücher ist vor mehr als 3 Jahren veröffentlicht worden. Dass ein riesiger Bedarf in Bezug auf dieses Thema besteht, wird auch daran deutlich, dass sich selbst die Regierung bzw. politische Parteien mit dem Thema auseinander setzen. So taucht die Computerspielsucht erstmals im Drogen und

---

[26] http://www.focus.de/schule/familie/freizeit/gamelexikon/tid-11405/computerspielsucht-verloren-in-der-online-welt_aid_323369.html gesehen am 08.02.2010

[27] http://www.faz.net/s/RubCD175863466D41BB9A6A93D460B81174/Doc~E7A48C7A5572444C1A2520 FD355C1F060~ATpl~Ecommon~Scontent.html gesehen am 08.02.2010

[28] http://www.tagesspiegel.de/medien-news/digital/Spielsucht-Computer;art303,2868892 gesehen am 08.02.2010

[29] http://www.computerbase.de/news/software/spiele/2005/november/tod_wow-spielemarathon/ gesehen am 08.02.2010

[30] http://jugendnetz-berlin.de/ger/schlaglichter/themen/medien_sucht/computerspielsucht.php?navanchor=1010195 gesehen am 08.02.2010

[31] z.B http://forums.wow-europe.com/thread.html?topicId=10920782405&sid=3 gesehen am 08.02.2010

Suchtbericht auf[32]. Die Grünen veröffentlichten bereits 2007 einen Reader mit dem Titel „Gefangen im Netz"[33]. Weiterhin brachten sie bereits 2008 einen Antrag in das Parlament ein, bei dem es darum ging, Onlinesucht als nicht Stoff gebundene Sucht anerkennen zu lassen[34].

Der Grund für die erhöhte Beschäftigung von Medien und Wissenschaft mit der Thematik, ist eine Veränderung auf dem Spielmarkt, forciert vor allem durch das Internetcomputerspiel „World of Warcraft," das aufgrund von Faktoren, die noch zu erläutern sind, das Genre der Internetspiele für Massen von Menschen salonfähig bzw. zugänglich gemacht hat. World-of-Warcraft ist mit über 11 Millionen Nutzern[35] nicht nur das erfolgreichste Onlinerollenspiel, sondern auch eines der meist verkauften PC-Spiele aller Zeiten. Allein in den ersten 24 Stunden nach Verkaufsstart der zweiten Spielerweiterung gingen 2,8 Millionen Spiele über die Ladentheke[36]. In diesem Kapitel soll nun versucht werden zu ergründen, welche Strukturen und Spielmechaniken anfällig für süchtiges Verhalten machen könnten, bzw. was besonders Onlinerollenspiele (auf die ich mich im Folgenden konzentrieren möchte, weil dieses Genre immer wieder die Suchtdiskussion bestimmt) so verführerisch macht. Es soll ergründet werden wie und warum sich Menschen in diesen Onlinewelten bewegen und welche Gefahren sich in diesen verbergen. Weiterhin soll die Frage generell geklärt werden, ob das Spielen eines Computerspiels süchtig machen kann, bzw. ob man im nosologischen Sinne von einer Sucht sprechen kann. Letztendlich sollen abhängig von der Beantwortung dieser Frage Therapie- und Beratungsangebote aufgezeigt werden. Das Genre der Onlinespiele soll im Folgenden aufgrund seiner besonderen Beachtung in der Öffentlichkeit als Beispiel dienen unabhängig von der Tatsache, dass die beschriebenen Mechanismen und Kriterien auch für andere Computerspiele gelten können.

5.1   Die Zielgruppe für Onlinerollenspiele

Hierzu gibt es in den vergangenen Jahren mehrere Erhebungen; ich will wegen der guten Vergleichbarkeit kurz zwei erläutern. Die Methode der Erfassungen sind Onlinebefragun-

---

[32]   http://www.bmg.bund.de/SharedDocs/Pressemitteilungen/DE/Drogenbeauftragte/2009/09-05-04_20Drogen-_20und_20Suchtbericht_202009.html gesehen am 9.02.2010

[33]   http://www.gruene-bundestag.de/cms/archiv/dok/203/203642.reader_gefangen_im_netz_wo_beginnt_die_s@en.html gesehen am 09.02.2010

[34]   http://www.bundestag.de/bundestag/ausschuesse/a22/berichte/onlinesucht/bericht.pdf gesehen am 09.02.2010

[35]   http://eu.blizzard.com/de-de/company/press/pressreleases.html?081028 , gesehen am 09.02.2010

[36]   http://www.gamestar.de/specials/reports/2310751/world_of_warcraft.html gesehen am 09.02.2010

gen. Im Juni 2005, also gerade mal 3 Monate nach Erscheinen von Word of Warcarft in Deutschland, führte der Soziologe Olgierd Cypra im Rahmen seiner Diplomarbeit eine Onlinebefragung durch. Insgesamt nahmen 11.400 Spieler an der Erhebung teil. Das durchschnittliche Alter betrug 22.5 Jahre. Die Altersspanne liegt zwischen 12 und 27+ Jahren (vgl. Cypra 2005 S.100[37]). Der Anteil der Frauen betrug 7.1 %. Von den Befragten besaßen 43,8% das Abitur, 34,5% waren Schüler, 17,6% Angestellte, 17,0% Studenten, 10,7% Azubis und 5,5% Arbeitslose. Die durchschnittliche Wochenspielzeit war 24,6 Stunden (vgl. ebenda S. 1-2 Zusammenfassung).

Barbara Klotz führte im Februar 2008 eine ähnliche Onlinebefragung durch mit 4717 Teilnehmern, ebenfalls im Rahmen ihrer Diplomarbeit. Das durchschnittliche Alter betrug 23,74 Jahre. Die Altersspanne 18 bis 67 Jahre. Der Anteil der Frauen betrug 9,1%, 54,4% gaben an, Fachabitur zu haben, 32,7% Realschule, 15,7% waren Schüler, 24,3% Studenten und 22,3% Angestellte. Die durchschnittliche Wochenspielzeit betrug hier hochgerechnet von den Tagesspielzeiten 28 Stunden (vgl. Klotz 2008 S.3-4/10 Zusammenfassung[38]).

Obwohl es sich hierbei um zwei Studien handelt, die zu unterschiedlichen Zeitpunkten durchgeführt wurden und deren Ausgangssituation eine unterschiedliche war (Bei Cypra war WoW erst erschienen, bei Klotz hatte WoW schon an die 9 Mio Nutzer) ergibt sich ein ähnliches Bild, welches auch in fast jedem Buch zum Thema erwähnt wird.

Der durchschnittliche Nutzer von Onlinerollenspielen ist männlich, im heranwachsenden Alter, also Anfang bis Mitte 20, besitzt einen überdurchschnittlich hohen Bildungsabschluss und verfügt über hinlänglich finanzielle Ressourcen.

5.2   MMORPG`s und ihre Funktionsweise

In diesem Abschnitt soll nun erläutert werden was die Faszination von MMORPG`s ausmacht.

MMORPG, das steht für Massivly Mulitplayer Online Role Playing Games. Diese Bezeichnung berücksichtigt die Tatsache, dass viele Personen gleichzeitig gemeinsam online Rollenspiel betreiben. Gemeinsam bezieht sich auf den Rahmen, die Nutzer spielen wirklich zusammen oder halten sich zumindest gleichzeitig in dem Rahmen einer Spielwelt auf.

---

[37] http://www.staff.uni-mainz.de/cyprao/ gesehen am 22.02.2010
[38] http://barbara.patrickkorte.de/Onlinerollenspiele%20-%20Korrelate%20und%20Konsequenzen.pdf, gesehen am 22.02.2010

Die Geschichte der Mehrspielerrollenspiele ist dabei fast so alt, wie die der PC Spiele selbst. So gab es bereits seit 1978 so genannte MUD`s (Mutiuser Dungeons) die Vorläufer der MORPGS (vgl. Lischka u.a 2002 S. 27). MUD`s waren textbasiert. Die Interaktion entstand durch das Schreiben von eigenem Text, damit waren die MUD´s im erhöhten Maße interaktiv, weil die Geschichte durch den Nutzer beeinflusst und verändert werden konnte (vgl. Rittmann 2008 s.23-24). Somit waren sie weitaus interaktiver als das die heutigen graphisch basierten Onlinerollenspiele sind. Schon vor dem Beginn eines solchen Spiels musste sich der Nutzer einen „Avatar" wählen, seinen Stellvertreter im Spiel, außerdem etablierte sich das Geschäftsmodell des Abonnements, bei dem der Nutzer einen bestimmten monatlichen Betrag zahlen musste, um an der Welt teilnehmen zu dürfen (Anm. wohlgemerkt zusätzlich zu den normalen Internetkosten) (vgl. Lischka, u.a 2002 S. 107ff.) Seit 1996 gab es mit Meridian59 das erste graphisch basierte Onlinerollenspiel (vgl. Grünbichler 2008 S.25). Das wichtigste Merkmal war eine persistente (bleibende) Welt, in der sich die Nutzer mit ihren Stellvertretern bewegen konnten, um dann im Rahmen der Spielmechanik mit dieser zu interagieren (vgl. Lischka u.a 2002 S. 111).

Nach Meridian folgten weitere Titel, wie Ultima Online oder Everquest. Kein Spiel erreichte jedoch den Erfolg von World of Warcraft das im Jahr 2004 erschien.

Der Erfolg erklärt sich nach Jörg Langer unter anderem durch den perfekten Startzeitpunkt des Spiels, der im Zusammenhang mit dem massiven Ausbau von Breitband-Internetanbindungen steht, bzw. durch die einfache Zugänglichkeit oder dem Zusammenfassen von allen bisher etablierten Spielmechaniken[39]. World of Warcraft löste einen Boom in der Spielbranche aus. In den Jahren seit seinem Erscheinen wurden massenweise Spiele entwickelt, die sich am Genre Primus orientierten und daran messen lassen müssen.[40]

Die wichtigsten Merkmale von aktuellen Onlinerollenspielen sind:

1. Der Avatar: Der Avatar ist der Stellvertreter, also die Spielfigur. Mit dieser bewegt sich der Nutzer durch die Welt. Vor dem Spiel ist es möglich Aussehen und Attitüde des Avatars festzulegen. Schon mit dem Aussehen oder noch wichtiger mit dem Namen, dem so genannten Nicknamen, entscheidet sich, welche Rolle man im Spiel einnehmen will (vgl. Raschke 2007 S. 3). Dies bezieht sich sowohl auf die Attitüde (guter, böser Charakter), als auch auf die Rollen in der Spielmechanik. Die

---

[39]   http://www.gamersglobal.de/report/world-of-warcraft-und-kein-ende?page=0,2 gesehen am 09.02.2010
[40]   http://www.gamersglobal.de/report/world-of-warcraft-und-kein-ende?page=0,3 gesehen am 09.02.2010

anderen Spieler sieht und nimmt man immer nur durch den Blick auf deren Avatar wahr. Der Avatar dient als Identifikationsfigur (vgl. z. B. Grünbichler 2008 S. 32 ff.).

2. Die schon erwähnte persistente Welt: Innerhalb des Onlinespiels ist es zu jeder Zeit möglich, theoretisch und praktisch im Rahmen in dieser Welt, in dem sich die Avatare bewegen, mit anderen Spielern zu interagieren.

3. Die soziale Komponente: Spieler können sich zu Spielergemeinschaften, so genannten Gilden, zusammenschließen (vgl. z.B. Rittmann S. 21 ff.). Einige Aufgaben in dem Spiel können nur durch Zusammenschluss in Spielergruppen bewältigt werden. Diesen Spielergemeinschaften kommt eine besondere Funktion zu, was die Bindung an das Spiel betrifft (mehr dazu im folgenden Teilabschnitt).

Wenn der Spieler sich in das Spiel, die Welt, begibt, taucht er in diese ein. MMORPGs besitzen also eine hohe immersive Wirkung. Durch dieses durchaus intensive Eintauchen kann sogar eine „Illusion von Nonmediation" entstehen (vgl. Rittman 2008 S. 48). Eine wichtige Komponente, damit der Spieler richtig in die Welt eintauchen kann, ist die Tatsache, dass er sich in ihr wiederfinden können muss. Das heißt, die Welt muss seiner bekannten Welt ähnlich sein. Die erfolgreichsten MMORPGs spielen alle in einer mittelalterlichen Phantasiewelt, in der sich der Nutzer gut wieder finden kann (vgl. Rittman 2008 S. 48). Eine der Hauptbeschäftigungen, denen ein Avatar in Onlinerollenspielen nachgeht, ist es, Aufgaben für vom Computer gesteuerte Spielfiguren, sogenannte NPCs, zu erledigen. Das erfolgreiche Erfüllen einer solchen Aufgabe (meistens durch Kampf) und die Belohnungen (Erfahrungspunkte und virtuelle Gegenstände) am Ende helfen dem Avatar dabei stärker zu werden, um im Spiel voranzukommen, und so Stufe für Stufe den Weg zur Maximalstufe zu erklimmen. Diese Mechanik entspricht dem im Abschnitt 2.6 dargestellten Grundmuster des Spiels nach Fritz. Sie beinhaltet Kampf, Erledigung, Bereicherung und Verstärkung (vgl. Fritz, 1995 S. 38). Die Aufgaben treiben allerdings dabei auch die Handlung voran. Die narrative Komponente erschließt sich durch die Aufgabenbeschreibung bzw. durch die Erfüllung der Aufgaben. Sie wird aber zum Beispiel in World of Warcraft noch von anderen Medien vermittelt, wie anderen Spielen oder Büchern, die sich in demselben Szenario bewegen und die Geschichte des Szenarios weitererzählen und vertiefen (vgl. Rittman, 2009 S. 48). (Anm. Hierbei handelt sich also um einen intermondialen Transfer von der virtuellen in die mediale Welt (vgl. z.B. Wittig, 2007 S. 50).

5.3 Die Rolle der Spielergemeinschaften in MMORPG`s

Multiplayer bezieht sich nicht nur auf die Möglichkeit sich mit vielen Spielern an einem Ort / Welt aufzuhalten. Das Zusammenspiel mit anderen ist eine der größten und wichtigsten Spielmechaniken in Onlinerollenspielen und Hauptanliegen der meisten Spieler. Einige der aufwendigsten und Erfolg erfolgversprechendsten Aufgaben können nur in einer Spielergruppe gelöst werden.

Laut Rebecca Trippe sind die meisten Spieler auf der Suche nach Zusammenspiel, Kontakt zu anderen Spielern, wollen Teil einer Gemeinschaft sein und womöglich im Spiel Freunde finden (Trippe, 2009, S. 46 ff.). Die Nutzer von Onlinerollenspielen können sich in Spielergemeinschaften (so genannten Gilden) zusammenschließen. Diese haben vor allem den Vorteil, leichteren Zugang zu Spielern für gemeinsame Aufgaben zu finden, können aber auch dazu dienen, Freundschaften zu schließen, wenn immer mit den selben Spielern zusammen gespielt wird. Weiterhin erfordern einige der schwierigsten Aufgaben ein erhöhtes Maß an Übung und Organisation. Somit steht der Beitritt in eine Gilde häufig vor allem mit dem Wunsch in Zusammenhang, bestimmte Spielinhalte zu erleben und die besten Belohnungen zu bekommen (vgl. Rittmann 2009, S. 103).

Laut Rittmann sind die meisten Spieler, (über 80%) in Gilden zusammengeschlossen (vgl. ebenda). Die Umfragen von Cypra 80,6 % (vgl. Cypra 2005, S. 5) und Klotz 86,6 (vgl. Klotz 2008, S. 10) bestätigen dies.

Die Strukturen innerhalb solcher Gilden sind vielschichtig und komplex, allerdings sind sie meist hierarchisch (vgl. Trippe, 2009, S 113). Das heißt, es gibt verschiedene Abstufungen und Zuständigkeiten innerhalb der Gilde. So existiert meist ein Anführer, Chef oder Gildenmeister, um den sich dann eine Führungsriege von sogenannten Offizieren schart. Jeder Offizier hat dabei bestimmte Aufgaben, wie z.B. das Organisieren von Spielaufgaben. Innerhalb der Gilden gibt es vielfältige Regeln und Verhaltenscodes, deren Einhaltung von den Mitgliedern erwartet wird (vgl. Trippe 2009 S. 113).

Die Gilden spielen also für die Bindung des Spielers an das Spiel eine große Rolle.
Nur in der Gemeinschaft ist es möglich, die größten Aufgaben zu bewältigen, die größten Erfolge zu erzielen. Um dies zu bewerkstelligen. müssen viele Spieler sich zu bestimmten Zeiten zum Spielen verabreden. Um die Belohnungen, die die Aufgaben ergeben, gerecht

zu verteilen, installieren einige Gilden Regelsysteme wie das DKP System (Dragon Kill Point System), bei dem die Belohnungen nach Erfolg und Spielzeit des Spielers verteilt werden. Damit wächst die Bindung des Spielers an das Spiel und die Notwendigkeit sich in die virtuelle Welt einzuloggen (vgl. Rehbein, Kleinmann , Mößle 2009 S. 7).

Die Beständigkeit der Spielergemeinschaften ist dabei unterschiedlich. Trippe berichtet von Gilden, die über mehrere Jahre existieren, sich im echten Leben treffen und sogar gemeinsam das Onlinespiel wechseln, aber auch von rein funktionalen Zusammenschlüssen, die nur erfolgsorientiert agieren (Trippe 2009, S. 114).

Über die Wertigkeit dieser sozialen Kontakte, streitet die Fachwelt. Rebecca Trippe konstatiert die Tiefe der sozialen Kontakte, die zum Teil entstehen können (vgl. Trippe 2009). Tim Rittmann bezeichnet die Onlinewelten (in Bezug auf Richard Sennett) gar als ein „Kompensationsmedium um den Mangel an öffentlichen Leben auszugleichen" (vgl. Rittmann 2009 S. 122). Dagegen bewerten Bergemann und Hüther die Kontakte in den virtuellen Welten eher negativ. „...eine Welt, die ...von einem unermüdlichen Strom medialer Kommunikationen durchdrungen ist, wo das autonome Ich sich einmal anschließt und dann wieder ausklinkt. ...ein autonomes Selbst... versteht in diesem Strom von dichten verengten alle Sinne umfassenden Kontakten nur noch begrenzt zu agieren" (Bergemann, Hüther 2008 S. 45).

Demnach ist der soziale Faktor in Onlinerollenspielen viel bedeutender als die reine Spielmechanik. Für Tim Rittmann liegt das Hauptaugenmerk sogar auf der Kommunikation mit anderen (Rittmann 2009 S. 27). Er geht sogar soweit, MMORPGS durch die soziale Komponente nicht mehr als Spiele zu bezeichnen, sondern nur noch als „virtuelle Welten", weil der Nutzer einen großen Teil seiner Zeit in die Kommunikation mit anderen verwendet, ohne sich den vom Spiel gestellten Aufgaben zu widmen. Wie schon erwähnt, finden sich in den Spielergemeinschaften klare Strukturen. Jeder hat seine Aufgaben und seine Rolle innerhalb dieser Gemeinschaft, zum einen bedingt durch die besondere Rolle der Fähigkeiten der Spielfigur, zum anderen eventuell durch seine Funktion z. B. als Offizier innerhalb der Gilde. Nur durch beide Betätigungen kann ein entsprechender Erfolg im Spiel erzielt werden. Dementsprechend hoch ist der soziale Druck (abhängig vom Erfolgsstreben) innerhalb der Gilden (vgl. Trippe, 2009 S. 114). Das heißt der Druck zu spielen und an bestimmten Tagen zur Verfügung zu stehen, um die Regeln und Erwartungen, die

die Gilde an ihre Mitglieder stellt, zu erfüllen. Der Lohn dafür ist die Anerkennung der anderen Gruppenmitglieder. Anerkennung und Bestätigung sind das, was die Gemeinschaften in Onlinewelten bieten können. Der Politologe Rodulf Ernst nennt diesen Aspekt in Anlehnung an Bordieu die dritte Aggregatform kulturellen Kapitals, zu der gesellschaftliche Anerkennung, Reputation und Prestige gehören[41].

Den sozialen Druck innerhalb der Spielgemeinschaft muss der Spieler bewältigen und sie in Einklang mit seinem sonstigen Leben bringen. Der schier riesigen Masse an Onlinespielabonnenten scheint dies wohl zu gelingen. Gesicherte Daten über z. B in psychotherapeutischer Behandlung befindlicher Personen mit Computerspielhintergrund liegen kaum vor. Da der soziale Aspekt insgesamt die bedeutendste Rolle in MMORG`s einnimmt, stellt er somit auch die größte Bindung an das Spiel dar und damit auch für eine potentielle Anfälligkeit bestimmter Spieler, durch diese Bindung die anderen Lebensbereiche zu vernachlässigen (vgl. Grünbichler 2008 S. 54 ff.). Insofern man von einer Computerspielsucht sprechen kann, so ist diese mit Sicherheit wesentlich im sozialen Aspekt der Spielergemeinschaften begründet. Der soziale Aspekt bindet den Spieler langfristig an das MMo, nicht das Spielprinzip selbst. Aufgrund dessen ist es möglich den Begriff Sucht in diesem Zusammenhang in einem ganz anderen Kontext zu sehen, der deutlich über das Spiel an sich hinausgeht.

5.4   Die 4 Spielertypen nach Bartel wie Spieler sich in MMORPG`s bewegen

Um die Verdichtung der virtuellen Welt und die Frage, warum sich so viele Menschen so lange Zeit in den Welten aufhalten, zu verstehen, scheint es sinnvoll zu sein, noch ein wenig darauf einzugehen, wie sich die Spieler in den Onlinewelten bewegen.
Der Spieleforscher Richard Bartel hat bereits 2003 ein umfangreiches Modell der Spielertypen veröffentlicht, das sich auf MUDs und MMORPGS bezieht.

---

[41]   http://www.heise.de/tp/r4/artikel/30/30738/1.html gesehen am 12.02.2010

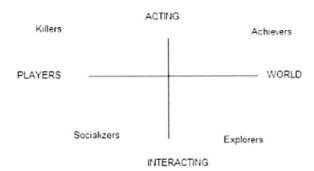

Abbildung 6: (eigene Darstellung nach Rittmann 2009 S. 101 nach Bartel 2003)

Killer: Sind User, die gerne gegen andere Spieler kämpfen und gewinnen, auch über diese dominieren wollen.

Achiever: Sind User, die vor allem spielerischen Erfolg haben wollen, also z.B. möglichst mächtige Waffen ergattern.

Sowohl Killer als auch Achiever agieren eher in dem Spiel, konzentrieren sich also eher auf die spielerischen Aspekte des MMORPGS.

Explorer: Sind User, die gerne viel von der Welt entdecken. Zudem wollen sie möglichst viel darüber wissen, wie die Welt funktioniert, also auch über deren Geschichte und Hintergrund.

Socializer: Sind User, die am liebsten mit anderen Usern in Kontakt treten, ihnen sind soziale Kontakte und Aktivitäten wichtiger als spielerische Erfolge

Sowohl Explorer als auch Socializer interagieren eher mit dem Spiel oder der Welt bzw. anderen Nutzern; ihnen sind das Entdecken von Wissen über die Funktionsweise der Spielelemente oder der Hintergrundgeschichte, sowie das Erleben, Knüpfen und Pflegen von Kontakten wichtiger als der rein technische Erfolg im Spiel (vgl. Rittmann 2009 S. 101 nach Bartle 2003).

Wie ein User sich in den Onlinerollenspielwelten bewegt gestaltet sich also sehr unterschiedlich. Wie schon vorhergehend erwähnt, wird durch die Möglichkeit des Austauschs und der Interaktion mit Mitspielern eine viel tiefer gehende Dimension erreicht, die über die reine Spielmechanik des Onlinespiels oder vor allem aber klassischer Einzelspielerspiele weit hinausgeht.

5.5 Neurobiologische Aspekte

Neben dem reinen Suchtaspekt wird in diesem Abschnitt eine Mechanik beschrieben, die für das Motivationspotential von Spielen, besonders Onlinerollenspielen, von Bedeutung ist.

Sprechen Autoren von einer Computerspielsucht in Form einer nicht stofflich gebunden Sucht, dann findet auch immer das Belohnungssystem im Gehirn eine besondere Erwähnung, ebenso weitere neurobiologische Aspekte, wie das Konditionieren der Hirnstrukturen an ein bestimmtes Verhalten. (vgl. Thalemann Grüßer 2008, Bergemann Hüther 2008).

Wenn sich ein Erfolgserlebnis beim Spielen einstellt, dann entsteht ein Gefühl von Lust und Wohlbehagen und ein Bedürfnis die Tätigkeit fortzusetzen. Daneben setzt das Gehirn auch bestimmte Botenstoffe frei. (vgl. Bergemann Hüther 2008 S.70-71). Wie z. B Dopamin (vgl. Thalemann Grüßer 2008 S. 45). (siehe auch Abschnitt 3.1)
Der Grund für süchtiges Spielen wäre nach Thalemann und Grüßer der Wunsch, einen biochemischen Ausgleich im Sinne von Wohlbefinden herzustellen. Die Auswirkungen sind mit der Einnahme von Drogen (vgl. Thalemann, Grüßer 2008 S. 47) wie Kokain oder Heroin vergleichbar (vgl. Bergemann Hüther 2008. S. 71).

In seinem Buch über Glücksspielsucht schreibt der Autor Tillmann Becker einer hohen Ereignisfrequenz eine große Bedeutung zu. Diese sei z. B beim Geldspielautomaten gegeben (vgl. Becker 2009 S. 32). Hohe Ereignisfrequenz bedeutet, dass ein Ereignis schnell auf ein anderes folgt. Wie bei Glücksspielen, besitzen Computerspiele eine sehr hohe Ereignisfrequenz. Eine Aufgabe folgt auf die nächste und somit auch die Abfolge von Erfolgserlebnissen, besonders wenn der Spieler sich im Flow befindet (siehe Abschnitt 2.8.3). Bei Onlinerollenspielen bedeutet das, z.B. Der Spieler bekommt vom Spiel die Aufgabe zehn Monster zu töten. Durch das Töten jedes einzelnen Monsters, dessen Plündern, dem Abschließen der Aufgabe samt Belohnung und dem Beginnen einer neuen Aufgabe besteht ein konstanter Fluss von Ereignissen.

Sprechen Autoren von Computerspielsucht, dann wird auch immer eine gewisse Komorbidität zu anderen Erkrankungen erwähnt. Dabei dominieren bei Klaus Wölfling Zwanghaftigkeit und Depression (vgl. Wöfling in Hard, Cramer-Düncher Ochs, 2009 S.144), sind es bei Thalemann und Grüßer Drogenkonsum und Depression (vgl. Thalemann, Grüßer, 2008 S. 46). Bei den Beschreibungen von Glücksspielsucht wird auch immer auf deren Zusammenhang mit zu einer negativen Selbstwertproblematik eingegangen. So steht z.B. bei Jörg Petry ein negatives Selbstwertgefühl vor einer Glücksspielsucht (vgl. Petry 2003, S. 16). Das Spielen wird dann in Form einer Art Selbstmedikation dazu genutzt, die negativen Gefühle zu regulieren (vgl. Petry 2003 S. 59) (vgl. auch Abschnitt 2.8.4 für Computerspiele). Gewinne vermitteln Wohlbefinden, Angst und Minderwertigkeitsgefühle werden vermindert. Durch das Abtauchen in die Fantasiewelt des Spiels entfaltet sich durch die empfundene Entlastung eine sedative Wirkung (Meyer in Poppelreuther Gross 2000 S.9). Diese Art von Selbstregulierung wird von Thalemann und Grüßer auch für Computerspielsucht beschrieben (vgl. Thalemann Grüßer 2008 S. 42).

Die von den Autoren beschriebenen Ähnlichkeiten zwischen den Mechanismen des Spiels, der Komorbidität und den Sucht fördernden, bzw. Sucht bedingenden Aspekten sowohl des Glücks als auch des Computerspiels sind frappierend.

Ein über das reine Auslösen von Erfolgserlebnissen hinausgehender Aspekt ist der der Konditionierung bestimmter erlernter Sucht bedingender Verhaltensweisen, die zu einer Veränderung von Gehirnstrukturen führen. Thalemann und Grüßer sprechen in Zusammenhang mit der Computerspielsucht von einem Drogengedächtnis, das durch die Folge von Erfolgserlebnissen und Botenstoffausschüttungen im Belohnungssystem entsteht (vgl. Thalemann Grüßer 2008 S. 45-46). Bergemann und Hüther entwickeln den Begriff „Gehirnautobahnen", bei denen durch Konditionieren eines bestimmten Verhaltens, wie dem Computerspielen, bestimmte Nervenverschaltungen im Gehirn entstehen, die ein bestimmtes Verhalten bedingen sollen (vgl Bergemann Hüther, 2008. S. 119 ff.) (bzw. vgl. auch Abschnitt 3.1). Beide Autorenpaare beziehen sich auf die Lerntheorie.

5.6   Diagnose und Nosologische Einordnung

Der Begriff Sucht hat seine Wurzeln im Wort Siechtum und bezeichnet ein „ein unabweisbares, starkes Verlangen nach einem bestimmten Erlebniszustand" (vgl. Grünbichler 2008 S. 44).

Der Begriff Abhängigkeit ist synonym mit dem Begriff Sucht. Grünbichler weist allerdings darauf hin, dass der in der Fachwelt häufiger verwendete Begriff der Abhängigkeit im

Gegensatz zur Sucht die nicht stofflich gebundenen Süchte, nicht einschließt, weshalb der Begriff Sucht allgemeiner und zutreffender sei (vgl. ebenda S. 44). Im Folgenden sollen beide Begriffe synonym verwendet werden.

Die Darstellungen aller für diese Arbeit zugrunde liegenden Autoren sprechen in Gleicherweise von Computerspielsucht/Abhängigkeit: Grünbichler, Bergemann und Hüther, Thalemann und Grüßer, Wölfling, Willoughby und Wood sowie Rehbein Mößle und Kleinmann.

Die einzige Ausnahme bilden Kutner und Olson, die nicht beantworten können oder wollen, ob es sich um Sucht handelt, die aber anmerken, dass die Suchtdiagnose auch mögliche Zusatzkrankheiten wie Depression behandeln könne (vgl. Kutner Olson 2009 S. 160) Dies spricht für die Verwendung des Begriffs Sucht in der Literatur, der über die rein stofflich gebundenen Süchte weit hinausgeht. Unabhängig von der genauen Auslegung des Suchtbegriffs und unter bestimmten Voraussetzungen, muss im Zusammenhang mit einer bestimmten Nutzung von Bildschirmspielen, von Computerspielsucht gesprochen werden.

Benjamin Grünbichler kommt in Bezug auf eine Studie der Interdisziplinären Forschungsgruppe Berlin zum Ergebnis: der Begriff Sucht wird in Zusammenhang mit den neuen Medien verwendet, solange das Verhalten alle Abhängigkeitskriterien der WHO aufweist (vgl. Grünbichler 2009 S. 48).

Als Suchtkriterien zählt er übertragen auf MMORPG`S 6 Kriterien auf.
- Starkes Verlangen (nach dem Spiel)
- Verlust der Kontrolle (der Spielzeit)
- Entzugserscheinungen
- Soziale Probleme
- Deutlicher Rückzug aus dem sozialen Leben
- Fortführung des schädigenden Verhaltens trotz Bewusstsein der Folgen.
(vgl. Grünbichler 2008 S. 54 -56)

Klaus Wöfling diagnostiziert Computerspielsucht anhand eines speziell entwickelten Screening Verfahrens, bei dem auch Aspekte wie das Craving, das beständige Denken an das Spiel, gefragt werden. Er geht aufgrund einer 2008 durchgeführten Untersuchung von einer Prävalenz von 6,3% aus (vgl. Wöfling in Hard Cramer-Düncher Ochs, 2009 S.137-38).

Willoghby und Wood stellen einen Zusammenhang zwischen „computer addiction" und einer „addictive personality" her (vgl. Willoghby, Wood, 2008 S. 89)

Bergemann, Hüther, Thalemann und Grüßer beziehen sich, wie im vorhergehenden Abschnitt schon erwähnt, deutlich auf konditioniertes Suchtverhalten. Bergemann und Hüther weisen ausschließlich auf die Gefahr des konditionierten Verhaltens hin (vgl. Bergemann Hüther 2008. S. 139). Dagegen betonen Thalemann und Grüßer ausdrücklich, dass nicht jedes Verhalten, das exzessiv durchgeführt wird, auch ein süchtiges Verhalten ist. Infolgedessen sprechen sich sie sich, weiterhin für klare deutliche Kriterien und Richtlinien der Diagnose für Computerspielsucht aus, um so einer „Versüchtelung" der Gesellschaft entgegenzuwirken (vgl. Thalemann Grüßer 2008 S. 107).

Rehbein, Mößle und Kleinmann leiten die Computerspielabhängigkeit ausschließlich von einer erhöhten Spielzeit ab. Ob es sich um eine Abhängigkeit handelt, überprüfen sie mit Hilfe der Computerspielabhängigkeitsskala KFN-CSAS-II. Sie gehen in diesem Zusammenhang in der Altersklasse der 15 Jährigen deutschlandweit von 13000 Jungen und 1300 Mädchen aus, die von Computerspielabhängigkeit betroffen sind. Sie kommen am Ende ihres Berichts durch einen sich abzeichnenden wissenschaftlichen Konsens zum Schluss, das Phänomen als nicht stofflich gebundene Sucht einzuordnen. In der Konsequenz des festgestellten Abhängigkeitspotentials fordern sie eine Ausgabe von Onlinespielen, wie „World of Warcraft" oder „Guild Wars", nur noch an Erwachsene (vgl. Rehbein Mößle und Kleinmann 2009, S. 41 ff.).

Die Prävalenzquote der Studien gestaltet sich sehr unterschiedlich. Innerhalb der Untersuchungen, die von Jugendlichen unterschiedlicher Altersstufen bis zu Studenten reichen, liegt die Spanne der Prävalenz zwischen 2,7 % und 18,3% (vgl. Wöfling in Hard, Cramer-Düncher, Ochs, 2009 S.134-137).

Obwohl die in der Literatur genannten und entwickelten Kriterien sich an die ICD 10 (international classification of diagnostik) Kriterien anlehnen, existiert eine eigene Klassifikation der Computerspielsucht im ICD 10 momentan noch nicht. Bisher besteht trotz zunehmender Fallzahlen in der Bevölkerung ein Defizit in der psychiatrischen/psychologischen Diagnostik und Intervention. So finden sich nur ersatzweise und damit unzureichend anwendbare Diagnoseschlüssel in den aktuellen Versionen von ICD 10" (vgl. Wöfling in Hard Cramer-Düncher Ochs, 2009 S.134). Aufgrund dieser fehlenden Klassifikation wird deshalb Computerspielsucht oft als „sonstige abnorme Gewohnheiten und Störungen der Impulskontrolle" und oder als „pathologisches Glücksspiel" diagnostiziert (vgl. ebenda S.134),

5.7 Therapie Beratungsangebote

Das Beratungsangebot zu der Thematik hat in den letzten Jahren, seit die Diskussion um das Thema entbrannt ist, deutlich zu genommen. So verkündet die hessische Landesvertretung bereits Ende Mai 2009, 50 Beratungsstellen, für Computerspielsucht bereitstellen zu können[42]. Eine der ersten Beratungsstellen, die sich auf Medienberatung spezialisierte, ist das Kompetenzzentrum und die Beratungsstelle für exzessiven Mediengebrauch und Medienabhängigkeit in Schwerin (vgl. Grünbichler 2008 S. 98). Es gibt dutzende Broschüren zum Thema, wie z. B. die vom bayrischen Lehrerverband[43]. Eine der wichtigsten Triebkräfte, das Thema öffentlich zu machen, ist mit Sicherheit der Verein HSO Hilfe zur Selbsthilfe für Onlinesucht, der 2007 gegründet wurde. Die Gründerin Gabriele Farke trat nicht nur in diversen Talk-Shows auf, sondern nahm an dutzenden Kongressen zum Thema teil, sowie z. B. auch einer Anhörung des Kultur- und Medienausschusses des Bundestags[44]. Der Verein bietet neben einer Fülle an Informationen auch einen Onlineberatungsraum an.

Das Therapieangebot hat ebenfalls deutlich zugenommen.
Die HSO listet in Deutschland 10 Kliniken auf, die stationäre Therapieangebote anbieten. Ganz aktuell ist das Angebot der Kinzig-Tal-Klinik in Bad Soden-Salmünster[45]. Berühmt geworden ist die Smith and Jones Privatklinik in Amsterdam als erste Klinik zur Behandlung von Computerspielsucht[46]. Wie Grünbichler erwähnt, gibt es aber derzeit noch

---

[42] http://www.tk-online.de/tk/hessen/pressemitteilungen-2010/pressemitteilungen-2009/166126 gesehen am 16.02.2010
[43] http://www.bllv.de/Computerspielsucht.4864.0.html gesehen am 16.02.2010
[44] www.onlinesucht.de in den Medien gesehen am 16.02.2010
[45] http://www.fuldaerzeitung.de/newsroom/kinzigtal/Kinzigtal-Behandlung-gegen-Online-Sucht;art40,224689 gesehen am 16.02.2010
[46] http://www.stern.de/digital/computer/computerspielsucht-in-der-klinik-weg-vom-joystick-563083.html

Schwierigkeiten in der Abrechnung, weil die Krankenkassen Computerspielsucht nicht anerkennen. So müssten Ärzte zusätzliche Erkrankungen diagnostizieren, wie z. B. Depressionen oder andere Abhängigkeitserkrankungen (vgl. Grünbichler 2008 S. 102). Für die Finanzierung von Therapie-und Behandlungsangeboten stellt also die Anerkennung der Computerspielsucht als Krankheit eine wichtige Voraussetzung dar. Teure Angebote, wie das der Amsterdamer Privatklinik, richten sich nur an wenige Personen und erzielen nicht die erforderliche Breitenwirkung.

Bei der Behandlung orientieren sich die bisherigen Angebote laut Grünbichler sehr an der Behandlung Glücksspielsucht oder dem Therapieansatz der anonymen Alkoholiker (vgl. ebenda S. 103).

Dabei steht eine anfängliche Abstinenzorientierung im Fokus, später soll dann der verantwortliche Umgang mit dem Computer wieder erlernt werden (vgl. ebenda S. 104). Darüber hinaus werden Komorbiditäten wie Depression in der Therapie mit-behandelt. Das Ziel dabei ist die Erhöhung der Lebensqualität, Stärkung der Fähigkeit bestehende Lebenskonflikte selbstständig zu lösen, Erhöhung des Selbstwertgefühls, der Verantwortung, Förderung der Kontakt und Beziehungsfähigkeit, Förderung der rationellen und emotionalen Akzeptanz der Abhängigkeit (vgl. ebenda S. 104). Grünbichler betont dabei auch, dass das behandelnde Personal das Phänomen der Computer und Onlinerollenspiele kennen muss, um richtig auf die Bedürfnisse der Patienten eingehen zu können (vgl. ebenda S. 105).

5.8 Zusammenfassung/ Fazit

Hauptsächlich durch die massenweise Verbreitung des Onlinerollenspiels World of Warcraft bekamen die unterschiedlichsten Menschen Zugang zu Multiplayerrollenspielen im Internet. Der durchschnittliche Onlinerollenspieler ist dabei männlich, Mitte zwanzig und überdurchschnittlich gebildet. Vor allem durch den sozialen Aspekt eröffnen sich völlig neue Möglichkeiten der Immersion in das Spiel. Dabei agiert der Spieler nicht statisch, sondern bewegt sich sehr individuell und unterschiedlich in der virtuellen Welt. Die soziale Gemeinschaft in Form einer Spielergemeinschaft (Gilde) kann dabei eine gute Möglichkeit bieten, neue soziale Kontakte zu knüpfen. Sie kann aber auch dafür sorgen, dass der Spieler aufgrund des Erfolgswunschs der Gilde, sozialem Druck ausgesetzt ist, infolgedessen von ihm feste und erhöhte Spielzeiten verlangt werden. Der soziale Druck spielt bei Vor-

gesehen am 17.02. 2010

aussetzung für Computerspielabhängigkeit eine bedeutende Rolle, weil er durch die sozialen Verpflichtungen für eine tiefere Bindung des Spielers zur Onlinewelt sorgt.

In der Wissenschaft und der jüngeren Forschung besteht größtenteils ein Konsens darin, dass es Sucht in Form des Computerspielens geben kann. Neben vielfältigen Beratungsangeboten bestehen bereits stationäre Therapieangebote.
Die Prävalenz liegt zwischen 3 und 18%.

Wie der Suchtbegriff verwendet wird, ist Auslegungssache. Stellt allein die Stundenzahl der Spielstunden, wie es Rehbein, Kleinmann und Mößle fordern, schon das Suchtkriterium dar? Handelt es sich hierbei vielleicht um eher normales Verhalten während der Pupertät? (vgl. hier auch Grüßer- Sinopoli [47]); Oder sollten exakte Kriterien für eine Sucht formuliert werden, wie es Thalemann und Grüßer fordern? Letztendlich ist die Dimension des Suchtbegriffs in der Wissen keinesfalls so klar, wie es zunächst erscheinen mag.
Hierbei sind jedoch monokausale Lösungen, die sich auf die reine Nutzungszeit beziehen, wenig angebracht. „ Solch monokausale Betrachtungen sind kaum geeignet, die subjektive Möglichkeit, jener Wirklichkeit mithin, die der Mediennutzer... durch sein Handeln erst herstellt, zu erfassen" (vgl. Rogge in Poppelreuther Groß 2000 S. 258). Aufgrund dessen erscheint mir eine Suchtvermutung, die sich allein auf die Spielzeit bezieht, als zu eindimensional. Ob jemand als computerspielsüchtig anzusehen ist, das müssen Fachkräfte diagnostizieren und zwar nicht anhand der Spielzeit, sondern aufgrund klar definierter Diagnosekriterien. Die Formulierung und Konzentration auf diese Kriterien kann Zuschreibungen und einer Stigmatisierung einer bestimmten Personengruppe entgegen wirken, um sich im Wesentlichen darauf zu konzentrieren den wirklich von Sucht betroffenen Spielern zu helfen. Weiterhin sollte es eine weitläufige Diskussion um die Verwendung des Suchtbegriffs geben, um nicht jedes gesellschaftlich außergewöhnliche Verhalten als Sucht zu definieren.

Fast alle wissenschaftlichen Untersuchungen wurden mit Hilfe von Fragebögen in unterschiedlichen Altersgruppen durchgeführt. Langzeitforschung existiert zum heutigen Zeitpunkt noch nicht. Die Entwicklung der als computerspielsüchtig diagnostizierten Jugendlichen ist in keinem Fall verfolgt und beschrieben worden. Wie lange sind Menschen bzw.

---

[47]   http://www.welt.de/politik/article1398968/Die_meisten_Spielsuechtigen_sind_Hauptschueler.html
gesehen am 16.02.2010

vor allem pubertierende Jugendliche im Durchschnitt computerspielsüchtig? Wie entwickelt sich das Verhalten besonders dieser Jugendlichen im Erwachsenenalter? Welche Rolle spielen weitere Komorbiditäten im Kontext der Computerspielsucht?

Dies alles sind Fragen, die die Forschung in den nächsten Jahren seriös beantworten muss. Wie in diesem Kapitel beschrieben sind Onlinerollenspiele ein absolutes Massenphänomen. Der Großteil der Spieler mag dabei in den Zwanzigern liegen, erstreckt sich jedoch über alle Altersklassen und Bildungs- und Einkommensschichten. Die virtuellen Welten bergen neue Möglichkeiten, aber auch neue Gefahren. Wie bei allen Themen, die viele Menschen betreffen, sind der Diskurs der Thematik und die daraus entstehenden Prozesse eine gute Sache. Er muss jedoch sachlich geführt werden, ohne dass Panik auslösende Meldungen von Extremfällen das öffentliche Bild verfälschen. Im Zentrum sollte immer ein verantwortungsvoller Umgang mit dem Medium anstelle einer generellen Verteuflung stehen.

6. Lernpotentiale von Computerspielen

In diesem Kapitel sollen nun die vielfältigen positiven Wirkungen von Computerspielen aufgezeigt werden. Neben der Darstellung dieser Aspekte soll in diesem Kapitel weiterhin der kreative Umgang mit dem Medium in Form von Modding und Machinimas aufgezeigt werden. Schließlich werden einen explizit pädagogische Grundintention beinhaltende Spiele vorgestellt.

6.1 Kompetenzerwerb durch das Computerspielen

Wie in dem Kapitel 2 aufgezeigt wurde, handelt es sich bei Computerspielen um komplexe Medien, für deren Erschließung der User einige Hürden überwinden muss, was z.B die Funktionskreise von Fritz verdeutlichen. Der Nutzer selbst braucht vielfältige Fähigkeiten um mit dem Medium umgehen zu können. Aufgrund der Tatsache, dass Computerspiele eine Abbildung von in der Realität vorhandenen Gegebenheiten darstellen,
liegt es nahe, dass sich durch Computerspiele auch vielfältige Befähigungen trainieren und erwerben lassen. Die Kompetenzforschung, die Jürgen Fritz auch als ulitaritisch-pragmatische Richtung beschreibt und die den Computerspielen eine Chance auf Komptenzerwerb zuschreibt (im Gegensatz zum moralisch ethischen Richtung, die weitreichende negative Auswirkungen auf das reale Leben erwartet) (vgl. Fritz, 1995. S. 14), konnte in den letzten Jahren bereits einige Befähigungen durch Computerspiele feststellen.

Laut Gebel in Bezug auf Liebermann können in Computerspielen Lernpotentiale in den Bereichen, Wissen, Wahrnehmung und Koordination, Denken und Problemlösen, Fähigkeiten und Verhaltensweisen, Selbstkonzept und Einstellungen und Werteorientierung beinhalten.

Gebel selbst unterscheidet vier Formen des Kompetenzerwerbs.

Kompetenz /Fähigkeiten	relevante Komponenten
Medienkompetenz	Medienkunde, selbstbestimmter Umgang, aktive Kommunikation, Mediengestaltung
kognitive Kompetenz	Wahrnehmung, Aufmerksamkeit, Konzentration, Gedächtnis, Abstraktion, Schlussfolgerungen, Strukturverständnis, Bedeutungsverständnis, Handlungsplanung, lösen neuer Aufgaben, Problemlösen
soziale Kompetenz	Perspektivübername, Empathiefähigkeit, Ambiguitätstoleranz, Interaktions-, Kommunikations-, Kooperationsfähigkeit, moralische Urteilsfähigkeit
persönlichkeitsbezogene Kompetenz	Selbstbeobachtung, Selbstkritik/-reflexion, Identitätswahrung, emotionale Selbstkontrolle
Sensumotorik	Koordination, Reaktionsgeschwindigkeit

Tabelle 1 :(vgl. Gebel in Bevc, Zapf 2009 S. 80)

Gebel spricht von kompetenzförderlichen Faktoren, wenn Merkmale von Computerspielen den Einsatz vorhandener Kompetenzen zum erreichen der Spielziele erfordern und infolgedessen Lernmöglichkeiten eröffnen (vgl. Gebel in Bevc Zapf 2009 S. 81). Gebel formuliert umfassende Kriterien für den Kompetenzerwerb bei Computerspielen
Kriterien mit einem indirekten Kompetenzbezug:

4. <u>Erhöhte Adaptivität:</u> Wenn das Spiel dem Spieler die Möglichkeit bietet einen leichten Zugang zu ihm zu erhalten, aber eine konstante Anpassung an die Schwierigkeiten bei der Bewältigung der Aufgaben erfolgt. So erfüllen z.B ein anpassbarer Schwierigkeitsgrad und verschiedene Lösungswege, die das Spiel flexibler gestalten, dieses Kriterium (vgl. Gebel in Bevc Zapf 2009 S. 81).

5. <u>Hinreichendes Motivationspotential:</u> Die Aufmachung der Spiele, die sich z. B. durch Gestaltung, Praktikabilität der Benutzeroberfläche offenbart. Weiterhin förderlich ist die Möglichkeit in das Geschehen einzugreifen, ebenso die Adaptivität, die das Motivationspotential beeinflusst (vgl. Gebel in Bevc Zapf 2009 S. 81).

Kriterien mit einem direkten Kompetenzbezug:

- <u>Angemessenheit ethisch-normativen Gehaltes:</u> Werte, die zur Förderung der ethisch moralischen Urteilskompetenz dienen, sind diejenigen, die-gesellschaftlich moralisch anerkannt sind. Hierbei sind inhaltlicher Rahmen und Rollenangebote des Spiels wichtig. Im Gegenzug können Werten und Normenkonsens entgegenstehende Werte fragwürdige Orientierungen bestätigen (vgl. Gebel in Bevc Zapf 2009 S. 83).

- <u>Anforderungsprofil des Computerspiels:</u> Anforderungen in den Bereichen (soziale, kognitive, medienbezogene, emotionale Anforderungen, sowie Wahrnehmungs- Aufmerksamkeits und sensumotorische Koordinationsleistungen). Je höher die Anforderungen, umso höher das kompetenzförderliche Potential (vgl. ebenda).

- <u>Problemstrukturen:</u> Vielfältige Problemstellungen und verschiedene Problemlösungsmöglichkeiten, die analytisches, operatives, flexibles und kreatives Denken erfordern, regen zur unterschiedlichen Herangehensweise an das Problem und damit zu verschiedenen Problemlösungsstrategien an (vgl. ebenda).

- <u>Involvement Potential:</u> Potential zur Erhöhung der emotionalen Beteiligung durch bestimmte Qualitäten der Spielepräsenz. Falls dieses Potential vorhanden ist, z.B. durch hohe Immersion durch die Ego-Perspektive, erhöht dies die Ansprüche an die emotionale Selbstkontrolle und führt zu Auseinandersetzung mit Identitätsaspekten. Dies kann bei Ablehnung der Präsentation jedoch auch gegenteilig wirken (vgl. ebenda).

- <u>Differenziertheit des didaktischen Systems:</u> Ein hohes Maß an Anleitungen, Regelwerken und Rückmeldungen von Erfolg und Misserfolg führen zu Rückschlüssen auf das Spiel. Ist dies der Fall, dann regt dies die kritische Selbstbeobachtung an, die laut Gebel dem Bereich der persönlichen Kompetenzen zu zuordnen ist (vgl. ebenda).

Kriterien, die sowohl direkten als auch indirekten Kompetenzbezug beinhalten

- <u>Soziale Kompetenz:</u> Kriterien des ethisch-moralischen Gehalts und soziale Anforderungen, die das Spiel erfordert: Gebel weist in diesem Zusammenhang auf die Notwendigkeit der Interaktion mit vom Computer gesteuerten Figuren hin, weil sie für ihre Untersuchung keine Multiplayerspiele verwendet hat (vgl. Gebel in Bevc Zapf S. 84). Dennoch müssen in diesem Kontext auch soziale Kompetenzen, wie sie in der Interaktion mit anderen im Team-Spiel wie, z. B von Grünbichler für Online-rollenspiele beschrieben genannt werden (vgl. Grünbichler 2008 S. 73).

- <u>Förderungspotential kognitive Kompetenz:</u> Durch das Bewältigen der vom Spiel gestellten Probleme und damit der Bewältigung von kognitiven Anforderungen, kommt es zur Förderung der kognitiven Komptenz. In diesem Zusammenhang stehen Gedächtnis und Konzentrationsleistungen, schlussfolgerndes Denken, Handeln und Planen, Umgang mit Komplexität, Anforderungen an Aufmerksamkeits- Wahrnehmungs und sesumotorischb Leistungen (vgl. Gebel in Bevc Zapf S. 84).

Zusammenfasst stellt Gebel fest, dass das Potential zur Förderung persönlichkeitsbezogener Kompetenz durch die Höhe des Involvementpotentials, die Differenziertheit des didaktischen Systems, die Höhe der emotionalen Anforderungen und den Umgang mit Stress und Misserfolg bestimmt wird (vgl. ebenda).

Computerspiele können also ganz unterschiedliche Befähigungen beinhalten, die zudem weit über das Trainieren von bestimmten Fähigkeiten hinausgehen. Sie beinhalten aufgrund der eben genannten Elemente auch die Auseinandersetzung und Reflexion mit bestimmten Inhalten und Spielelementen.

Da die Formulierung der Kompetenzkriterien sehr theoretisch war, sollen nun im Folgenden ein paar praktische Beispiele genannt werden.

Die naheliegende und immer im Zusammenhang mit Computerspielen genannte Befähigung ist das Training der Hand Augen Koordination.
Diese wird vor allem durch die Steuerung der Spielfiguren mit den Eingabegeräten und die schnelle Reaktion, besonders bei Aktionsspielen, geschult (vgl. Köhler, 2008 S. 127). In diesem Zusammenhang berühmt geworden ist eine Studie von der American Medical Association, bei der 33 Chirurgen mit mehr oder minder ausgeprägter Spielvorerfahrung (im Jahr 2002) 3 Monate 3 Stunden in der Woche das Aktionspiel „Top Gun" spielten. Die Ergebnisse waren, dass die Eingriffe der Chirurgen um 27% schneller von Statten gingen und sie 37% weniger Fehler machten[48].
Eine weitere aufgrund des Spielens von Aktion-oder Reaktionsspielen erworbene Befähi-

---

[48] http://archsurg.ama-assn.org/cgi/reprint/142/2/181 Rosser,C James, gesehen am 11.03.10

gung ist die der erhöhten visuellen Aufmerksamkeit. Das Bewegen im virtuellen Raum und die Erfordernis auf diese Umgebung zu achten, um z.B. darin auftauchende Gegner im Aktionsspiel zu lokalisieren oder erscheinende Kurven im Rennspiel rechtzeitig zu bemerken, schult die visuelle Aufmerksamkeit erheblich. Köhler weist im Bezug auf Rötzer darauf hin, dass Untersuchungen von US Wissenschaftlern ergaben, dass die visuelle Aufmerksamkeit von Spielern im Gegensatz zu Nichtspielern um bis zu 50% erhöht war. Auch zeigten sich diese weniger schnell erschöpft (vgl. Köhler, 2008 S. 127-128). Neben der visuellen Wahrnehmung führt das Bewegen in den Umgebungen des Computerspiels auch zu einer erhöhten räumlichen Wahrnehmung (Köhler, 2008 S. 127).

Dieses Kriterium trifft ebenfalls für das auf der Beliebtheitsskala an zweiter Stelle stehenden Genre der Strategiespiele zu (siehe Abschnitt 2.7). Neben diesem Kriterium werden aber vor allem logisches und strategisches Denken geschult (vgl. Köhler, 2008, S 127). In Strategiespielen muss der Spieler, wie z.B. in Aufbaustrategiespielen, eine Vielzahl von kognitiven Leistungen vollziehen. Er muss wirtschaftliche, ökonomische und soziale Aspekte verstehen, um beispielsweise eine Stadt aufbauen zu können (vgl. auch Gebel in Bevc Zapf 2009 S. 86).

Ein weiteres Beispiel ist das auch oben schon erwähnte Erproben von bestimmten Rollen, in die im Computerspiel geschlüpft werden kann. Beispielsweise im Rollenspiel, das zudem oft verschiedene Rollenakzentuierungen zulässt, oder ganz profan im Aktionsspiel, bei dem man beispielsweise einmal die Geschichte eines orientalischen Prinzen nachspielt und an anderer Stelle die eines vom Geheimdienst verfolgten Gangsters.

Eine weitere Dimension der sozialen Interaktion entsteht, wenn die Interaktion innerhalb der verschiedenen Rollen wie im Kapitel 5 (Sucht) erwähnt, mit realen Menschen hinter den Spielfiguren vollzogen wird. Zu dem Kompetenzerwerb der sozialen Interaktion mit Menschen innerhalb des Systems Computerspiel zählen z. B. auch:
das Erlernen von Führungseigenschaften bei Wahrnehmung von Aufgaben innerhalb einer Gilde, das Erlernen von Teamwork und Konfliktfähigkeit oder das Erlernen von Kommunikation durch Chat oder Voice Chat (vgl. Grünbichler 2008 S. 74-75).

Gebel weist auf den Erwerb von weiteren Kompetenzen hin, die durch Tätigkeiten geschehen, die zwar im Kontext des Computerspielens stehen, aber über das Spielen hinausgehen beispielsweise bei der Organisation und Durchführung von Mehrspieler Events. Bei so genannten LAN (Local Area Network) Partys, müssen organisatorisch-logistische Fähigkeiten angewendet werden. Es ist technisches und Medien bezogenes Wissen erforderlich. Spieler müssen koordiniert werden, Regeln aufgestellt werden (vgl Gebel in Bevc Zapf 2009 S. 92).

Kreative Verarbeitung des Spielgeschehens durch die Aufnahme von Spielsequenzen mit Videosoftware und die darauf folgende Bereitstellung im Internet dienen der Reflexion und fördern damit die Medienkompetenz (vgl Gebel in Bevc Zapf 2009 S. 93). Gestaltungselemente in Computerspielen, die Kreativität zulassen, sind beispielsweise das Beschäftigen mit von einigen Spielen bereitgestellten Editoren (Baukastenprogramme) zum Gestalten von Levels oder gar das Modding, bei dem innerhalb des Programmcodes ganze Spielelemente umgestaltet und verändert werden können. Beinhalten alle eben genannten Tätigkeiten kreative Lernpotentiale, fördern letztere umfassende technische Fähigkeiten (für das Modding ist Wissen über Programmierung unerlässlich) (vgl. Gebel in Bevc Zapf 2009 S. 91-92)

Darüber hinaus sieht Gebel sogar ein Kompetenzgewinn durch das Cheaten, also das Verändern der Spielmechanik durch im Spiel eingebaute Codes, z. B. in Form eines Geld-cheats bei einem Aufbauspiel. Zwar untergräbt dieses Tricksen oben genannte Kriterien, wie das finden von Lösungsmöglichkeiten, weil es oft das Spielgeschehen vereinfacht. Andererseits ermöglichen sich dem Spieler damit auch neue Möglichkeiten das Spiel zu erleben, und so beinhaltet auch dieses Ausprobieren wieder kreative Elemente, bzw. Mög-lichkeiten, sich mit dem Spiel auf eine erweiterte Art und Weise auseinanderzusetzen (vgl. Gebel in Bevc Zapf 2009 S. 90).

Wie in diesem Abschnitt deutlich wurde, besitzen Computerspiele vielfältige Möglichkei-ten des Lernpotentials. Computerspiele sind komplexe Systeme, die im wesentlichen Merkmale der realen Lebenswelt abbilden und durch ihren Fokus auf das Lösen von Auf-gaben, schließlich auch auf die Erfordernisse des realen Lebens vorbereiten können, in denen diese sehr unterschiedlichen Fähigkeiten, die in Computerspielen zu Anwendung kommen, erfordert werden (vgl. Fritz 1995 S. 141). Dabei muss aber auch darauf hinge-wiesen werden, dass bei weitem nicht alle Computerspiele auch alle Kompetenzkriterien in ausreichendem Maße erfüllen oder erfüllen können (vgl.Gebel in Bevc Zapf 2009 S. 86). Ganz entscheidend für den Erfolg sind dem Computerspiel vorausgegangene und erlernte Fähigkeiten, vor allem aber die im Kapitel 3 (Wirkung) beschriebene Rahmungskompetenz.

Je reflektierter mit dem Medium umgegangen wird, umso höher erscheint auch sein Lern-potential. Die in diesem Abschnitt beschriebenen Kompetenzen stellen alle Möglichkeiten dar, die sich vor allem aus den Spielen selbst ablesen lassen. Inwiefern die Kompetenzen dann auch wirklich in den Alltag übertragen werden, muss die Forschung noch beantworten (vgl. Gebel in Bevc Zapf 2009 S. 87). Wie im Abschnitt 3.2 und 4.4 dargestellt, findet eine Übertragung vor allem von der Realität in die virtuelle Welt der Computerspiele statt, die Übertragung von der Kompetenzen von der virtuellen in die reale Welt ist bis auf Ausnahmen, wie z. B. die erwähnte Chirurgen Studie, noch wenig erforscht.

Würde bei der Entwicklung von Computerspielen der Fokus auf dem Fördern von Kompe-tenzen liegen, so sollten diese, laut Gebel, Spielabläufe bieten, die von relativ strukturier-ten Anfängen zu vieldeutigen Spielstrukturen überleiten. Weiterhin sollten vielfältige Lösungsmöglichkeiten angeboten werden. Die Übergänge in den verschiedenen Spielbe-reichen sollten möglichst bruchlos sein. Für eine Kompetenz orientierte Nutzung wären Spiele von Vorteil, die weniger den persönlichen Neigungen des Spieler entsprächen, sondern eher Bereiche trainieren, in denen sie weniger Talent besäßen.

(Gebel in Bevc Zapf 2009 S. 89).

6.2 Machinimas

In diesem Abschnitt soll genauer auf den kreativen Aspekt der Beschäftigung mit Compu-terspielen eingegangen werden.

Damit sich ein Computerspiel gut verkauft, wird es auf die Bedürfnisse seiner Benutzer zugeschnitten. Die Spieldesigner haben ein großes Interesse daran, ihr Medium nach den Nutzungswünschen zu gestalten und es gegebenenfalls auch zu verändern. Dies geschieht in Form von Spielveränderungen basierend auf Aktualisierungsdateien so genannten Pat-ches oder Updates. Oft gehen die Hersteller direkt auf die Wünsche der Kunden ein, indem sie Möglichkeiten wie Kommunikationsforen schaffen, in denen diese Wünsche formuliert werden können. Die Nutzer sind also aktiv am Gestaltungsprozess ihrer Spiele beteiligt, damit werden sie vom reinen passiven Rezipienten zum aktiven Teil, sie „transformieren den Medienkonsum in eine komplexe Partizipationskultur"(vgl. Heuer, 2009, S. 16).

Neben diesem Partizipieren, ermöglichen die Spieldesigner das schon im letzten Abschnitt erwähnte Modding. Dabei stellen sie durch eine relative Offenheit des Programmcodes die Möglichkeit zu Entwicklung und Editierung von neuen Spielmechaniken, bis hin zur kompletten Veränderung Spiels, (genannt Total Conversion) zu Verfügung (vgl. Heuer 2009 S. 29 ff.). Diese Form der kreativen Teilhabe erfordert umfassende Kenntnisse in Programmierung, oft handelt es sich gar um eine komplette Spielentwicklung. Die Akteure dieses kreativen Prozesses, die Modder, tragen zu einem erheblichem Maße an der Bereicherung der Spielinhalte bei. So werden oft erfolgreiche Mods zu späteren Verkaufsversionen (so gesehen im Fall des berühmten Counter Strike) und der Schöpfer von der Branche rekrutiert (vgl. Heuer 2009 S. 31).

Eine weitere Form der kreativen Verarbeitung von Computerspielen sind Machinimas.

Machinima ist ein Neologismuss aus den Begriffen Machine und Cinema. Machinimas nutzen das Medium der Computerspiele, um mit Hilfe von Videosoftware Filme zu kreieren.

Dazu werden die Spielfiguren im Spiel gefilmt und daraus entstehen dann ganz eigene Geschichten. Dabei unterliegen die Inszenierungen den Gesetzen und Grenzen der Grundstruktur des Spiels. Mit Hilfe von speziellen Programmen kann jedoch in die Umgebung des Spiels eingegriffen werden (vgl. Heuer 2009 S. 11). Machninmas sind sozusagen Filme in der Umgebung von Computerspielen mit Computerspielfiguren.

Da sich das Medium mittlerweile etabliert hat, bieten viele Spiele eine direkte Aufnahmefunktion, wie die beliebte Aufbausimulation „Sims 2" oder das Spiel „The Movies" dessen Spielziel es gar ist, Filme zu erstellen. (vgl. Heuer 2009 *S. 89*).

Machinimas nutzen das Medium des Computerspiels, verarbeiten und reflektieren es auf enorm künstlerische und kreative Weise. Machinimas gibt es mittlerweile zu allen populären Computerspielen. Mehrere Machinimas wurden bereits ausgezeichnet. So bekam das Machinima „Hardly Working" den Preis als bester experimenteller Kurzfilm beim Showtime Networks Alternative Media Festival 2001 (vgl. Heuer 2009 S. 45).

Machinimas gibt es zu allen denkbaren Themen auf der Basis der unterschiedlichsten Spiele.

Dass sie auch politische Themen bearbeiten können, beweist das Machinima „The French democracy". Es handelt von den Unruhen aus den Pariser Vororten 2005. Die Handlung des 13 Minuten langen Films beschreibt die Probleme der französischen Migranten in Form von Ausgrenzung und Rassismus, das Zustandekommen und schließlich den Ausbruch der Unruhen aus Sicht der Jugendlichen.

The French democracy sorgte weit über die Computerspiel Szene hinaus für Aufsehen. Was es aber vor allem leistet, ist diese Zielgruppe mit seiner ernsthaften Botschaft zu erreichen mit Hilfe des selben Mediums, das meist zu Unterhaltungszwecken genutzt wird (vgl. Heuer 2009 S. 64).

Ein weiteres von Heuer beschriebenes Machinima ist Red vs. Blue. Das auf dem Aktion-Spiel Halo basierende Machinima ist eine Parodie auf das Shooter Genre. In einem Canyon bekämpfen sich zwei rivalisierende Parteien gleich aussehender roter und blauer Computerfiguren. Dies geschieht wie im echten Shooter Mehrspieler Modus „capture the flag“, in dem zwei farblich unterschiedliche Parteien eine Fahne in der der gegnerischen Basis erobern müssen. Mit dem Unterschied, dass die Figuren in Red versus Blue eigene Namen und Persönlichkeiten besitzen. Damit stehen sie im Gegensatz zur Funktionalität des Spiels, indem sie z.B. ihr Handeln hinterfragen. Später stellt sich heraus, dass die Figuren Eigenschaften von typischen Spieler Zuschreibungen besitzen. So präsentieren sie sich als „aggressive, fanatische etwas dümmliche Jugendliche“ (vgl. Heuer S. 81). Obwohl die Figuren reale Persönlichkeiten verkörpern, fügen sie sich doch in ihr Schicksal, stellen sich der Mechanik des Spielerischen Wettbewerbs, zu der es eben gehört Gegner zu erschießen, getötet und wieder belebt zu werden (vgl. Heuer 2009 S. 82).

So wird die Gewalt in der Computerspiellogik zu einer Form von Pseudo-Gewalt, die dem spielerischen Wettbewerb dient (ebenda S.82). Charakterfiguren sterben und stehen wieder auf, bzw. werden z. B. in einen Roboter umgewandelt. Dies zeigt die Mechanik des virtuellen Körpers, der nicht als realer Körper verstanden wird, sondern in einem technischen Sinne als Code (vgl. Heuer 2009 S. 89). Was Red versus Blue also leistet ist das Durchdringen und Hinterfragen der dem Spiel eigenen Gewalt, seiner Darstellung und seiner Spielelemente.

Beide Beispiele zeigen, wie es möglich ist, das Medium Computerspiel zu nutzen, um sich einerseits mit politisch gesellschaftlichen Themen auseinander zu setzen und andererseits Spieltechniken und Inhalte zu reflektieren. Somit kann dieses Medium neue kreative Potentiale entfalten.

Das Ziel oder die Möglichkeiten die in der kreativen Beschäftigung mit Computerspielen, unabhängig ob es sich um das beschriebene Modden oder das Produzieren von Machninimas handelt, ist eine Kultur des aktiven Publikums, das ganz im Gegensatz zum passiven Konsumenten in der Lage ist, das auf dem Bildschirm Dargestellte zu reflektieren, darüber hinaus aber auch an dessen aktiver Gestaltung teilzuhaben (vgl. Heuer 2009 S. 14).

6.3   Edutainment und Serious Games

Neben der einfachen Grundintention der meisten kommerziellen Spiele, nämlich zur Unterhaltung zu dienen, gibt es auch Computerspiele, die einen primären pädagogischen Anspruch besitzen. Hierbei handelt es sich um sogenannte Edutainment Spiele. Diese sollen dem Nutzer zuerst etwas beibringen, dies aber durch die Form des Spiels erleichtern. Neben den typischen Lernspielen, den sogenannten ecduacational-Games, etabliert sich in jüngster Zeit ein Genre mit der Bezeichnung Serious Games. Im Gegensatz zu den typischen Lernspielen besitzen Serious Games mehr dokumentarischen Charakter ohne Unterhaltungsaspekt. Dabei erweitern sie oft gewohnte Spielmechaniken. Die Abgrenzung zu den educaitional games ist dabei nicht immer ganz einfach, so ordnet Wechselberger das Spiel „Global Conflicts: Palestine" zu den educational games, während der Nachfolger „Global Conflicts Latin America"mit der selben Spielmechanik bei Weiß im selben Buch als serious game beschrieben wird (vgl. Wechselberger in Bevc Zapf, 2009 S. 9) (vgl. Weiß in Bevc, Zapf, 2009 S. 57). Trotz des Interesses der kommerziellen Spiele, primär zur Unterhaltung zu dienen, besitzen auch einige dieser Spiele Eigenschaften, die sie zu Lernspielen werden lassen können.

Wechselberger unterscheidet die Zwecke dieser als Lernspiele bezeichneten Computerspiele in vier Kategorien. Spiele fungieren als Lehrer, indem sie bestimmte Inhalte vermitteln sollen. Sie fungieren als Trainer, indem sie z. B. in Form eines Rechenspiels Fähigkeiten trainieren sollen. Spiele fungieren als Anreize sozusagen als Köder um über das Spielen den Lernerfolg zu erzielen bzw. eine Interaktion zwischen Lehrer und Schüler herzustellen. Das Computerspiel dient als Rekonstruktionsanlass, bei dem vorher erlernte Inhalte in das Spiel gebracht werden müssen, damit es funktioniert, (als Beispiel verwendet Wechselberger hier ein Spiel bei dem ein virtueller Agent mit Wissen ausgestattet werden muss, um danach mit ihm antreten zu können) (vgl. Wechselberger in Bevc Zapf, 2009 S. 101)

Um zu veranschaulichen, worin der Inhalt und das Lernpotential bei ecucational oder serious games, aber auch diesen Aspekten zugeschriebenen kommerziellen Spielen bestehen kann, sollen ausgesuchte Spiele beispielhaft beschrieben werden.

Wechselberger beschreibt als typisches „educational game" das Spiel „the Binary Game".
Bei diesem müssen Zahlen in Binär Zahlen umgerechnet werden, um daraus Türme zu stapeln (vgl. Wechselberger in Bevc Zapf, 2009 S. 101).

Das Spielprinzip, der von Weiß und Wechselberger beschriebenen Global Conflicts Spiele, ist gleich. Bei beiden Spielen schlüpft der Spieler in die Rolle eines Journalisten, der entweder in Palästina oder Lateinamerika auf Informationssuche geht. Dazu spricht der Spieler mit verschiedenen Personen und Parteien und sammelt so Informationen. Das Spielziel besteht letztendlich darin, aus diesen Informationen einen brisanten Artikel für eine Zeitung zu erstellen. Um diese zu erreichen, muss der Spieler die gesammelten Informationen und Argumente in einem Schlussinterview nutzen, um die brisanten Informationen zu bekommen, die zur angestrebten Enthüllungsstory führen, und damit zum Spielerfolg (vgl. Weiß in Bevc Zapf, 2009 S. 57-59).

Der Stil dieser beiden Spiele ist der eines etwas erweiterten klassischen Adventures bei dem Gegenstände gesammelt werden müssen und damit Rätsel gelöst werden müssen.
Die Global Conflicts Spiele verändern dieses Spielprinzip aber mit ihrem Fokus auf Informationen und Argumente. Der Ansatz ist hier, die Realität darzustellen und innerhalb des Spiels auf in der Realität bestehende Konflikte und Missstände aufmerksam zu machen und sie mit der Spielmechanik zu reflektieren. Daraus soll ein Lerneffekt entstehen. Somit muss der Spieler auch in Bezug auf das in Abschnitt 3.2 beschriebene Transfermodell eine andere Art von Rahmung vollziehen, indem er die im Spiel gesehenen Szenen deutlich mit der Realität in Bezug setzt.
Spiele, die über den reinen Lernerfolg in Form eines Trainings hinausgehen, werden den Serious Games zugeordnet. Insofern ist eine Trennung zwischen educational games und serious games nicht einfach bzw. etwas schwammig, denn trotz des ernsten Inhalts und der Intention, auf diesen aufmerksam zu machen, forcieren Produkte wie die Global Conflicts Spiele immer auch einen kognitiven Lerneffekt in Form von Wissen und Reflexion.

Ein in jüngster Zeit berühmt gewordenes Serious Game ist das Spiel Frontiers.
Hierbei handelt es sich um eine Modifikation des beliebten Aktionsspiels Half life 2.
Das Spiel wurde von einer Salzburger Künstlergruppe entwickelt, um auf das Schicksal der Flüchtlinge aufmerksam zu machen, die versuchen über die Grenze von Afrika nach Europa zu flüchten.
Bei Frontiers hat der Spieler die Wahl zwischen zwei Fraktionen. Er kann entweder einen

Flüchtling oder einen Grenzsoldaten spielen. Frontiers ist ein Multiplayerspiel. Während man als Flüchtling versuchen muss, irgendwie über die Grenze zu kommen, ist es die Aufgabe der Grenzsoldatenspieler die Flüchtlinge daran zu hindern.

Die Grundintention ist also eine vollkommen andere wie in herkömmlichen eher funktionalen Muliplayerspielen. Für die Erstellung der Levels orientierten sich die Entwickler an realen Grenzabschnitten wie Marokko. Durch die dargestellte Grenze mit ihren Türmen und Zäunen, aber vor allem in der Interaktion mit dem Gegenspieler in Form eines realen Spielers, soll der Nutzer ein Gefühl für die realen Zustände und Probleme an der Grenze erhalten[49]. Auf der Webseite lassen sich zudem Berichte von realen Flüchtlingen finden. Ebenso wie in den oben genannten Global-Conflicts Spielen ist der Realitätsbezug deutlich erwünscht und wird durch auf der Webseite zu findende Berichte von realen Flüchtlingen noch unterstrichen[50]. Dabei betonen die Entwickler (wie der Bericht der Tagesthemen über Frontiers zeigt), dass das Spiel trotzdem Spass machen soll, wenn auch der Fokus darauf liegt, auf das Thema aufmerksam zu machen[51].

In diesem Zusammenhang soll an dieser Stelle auch das Rekrutierungsspiel Americas Army genannt werden, welches im Kern auch als ein „Serious Game" bewertet werden kann. Bei diesem Ego-Shooter soll im Gegensatz zu den meisten Befürchtungen in Bezug auf Computerspiele grade der Realismus des Militärs vermittelt werden. Das Spiel besitzt den Untertitel „Virtual Army Expericence" (vgl. Kutner und Olson, 2008 S. 154). Auf der Webseite kann der Spieler Erfahrungsberichte von den „real Heros" lesen, bzw. sich gleich bei der Armee bewerben. Die positive pädagogische Wirkung, die von anderen Serious Games oder Edutainment Programmen erwünscht ist, verkehrt sich bei einem Rekrutierungsspiel wie Americas Army in das Gegenteil. Die Benutzer fühlen sich von der Thematik und Spielmechanik angesprochen. Falls sie aber nun durch die aufgesetzte Ernsthaftigkeit der Präsentation und der Verknüpfung mit positiv dargestellten Kriegseinsatzberichten wirklich glauben sollten, das Soldatendasein sei so spannend und unterhaltsam wie ein Computerspiel, und sich in daraufhin wirklich bei der Armee bewerben, werden sie im Einsatz oder Training sehr bald mit der wahren Realität konfrontiert. Hier zeigt sich, dass die Hersteller von Serious Games, wie bei der Nutzung von allen Medien auch, Verantwortungsbewusstsein brauchen.

---

[49] http://www.zeit.de/kultur/kunst/2010-01/computerspiel-frontiers gesehen am 16.03.10
[50] http://www.frontiers-game.com/ gesehen am 16.03.10
[51] http://frontiers-game.blogspot.com/2010/03/press-review-german-ard-tagesthemen.html gesehen am 16.03.10

Das Genre der dokumentarischen, ernsthaften Spiele mit Botschaft, erreicht weder die Reputation noch die technische Qualität von kommerziellen Spielen.

Die eben genannten Beispiele zeigen aber, welches Potential im Computerspielgenre stecken kann, wenn über den reinen Fokus auf Unterhaltung hinaus gegangen wird und neue Formen erschlossen werden. So können über das vor allem bei Jugendlichen beliebte Medium der Computerspiele Botschaften direkt vermittelt werden oder generell über den Anreiz des Spielens vermittelt werden. Das Computerspiel kann dabei immer nur als Anregung dienen, sich intensiver mit der gebotenen Thematik auseinander zu setzen.

Weil es sich bei den gewöhnlichen educational games meist um technisch veraltete Produktionen handelt, die aufgrund ihrer nicht kommerziellen Grundlage logischerweise niemals das Buget von kommerziellen Spielen erreichen können, leidet darunter oft auch die spielerische Qualität. So übt Hans Peter Franz an den vom Innenministerium in Auftrag gegebenen Spiele „Im Netz gefangen" und „Dunkle Schatten", die sich mit rechtsradikaler Gewalt am Schulhof auseinandersetzen, dahingehend Kritik, dass diese zu wenig Entscheidungsmöglichkeiten besäßen (vgl. Franz in Fromme Meder 2001 S. 122).

Deshalb kann es von Vorteil sein, auf kommerzielle Spiele zurückgreifen zu können, denen Lernpotentiale nachgesagt werden.

Auch kommerzielle Computerspiele können wie beschrieben eine Vielzahl von Lernpotentialen besitzen und so könnten diese als Lernspiel gezielt in pädagogischen Kontexten eingesetzt werden (vgl. Wechselberger in Bevc Zapf 2009 S. 99)

Ein Beispiel ist die Sim-City-Reihe, bei der der Spieler die Aufgabe erhält, eine Stadt zu errichten und diese als Bürgermeister zu leiten. Der Spieler muss im Zuge dieses Spiels Wirtschaftszweige errichten, um so die Staatskasse zu füllen, aber auch auf die Bedürfnisse seiner Bewohner achten. Dabei ist es möglich, die Auswirkungen ökonomischer und ökologischer Zusammenhänge zu sehen, so führt z.B. die Umweltverschmutzung zur schlechteren Gesundheit der Bevölkerung (vgl. Franz in Fromme Meder 2001 S. 122). Im dem relativ neuen Titel der Reihe Sim City Societys muss der Spieler darüberhinaus noch in komplexerem Maße dafür Sorge tragen, dass die Bewohner ausreichend Bildungsangebote erhalten oder Schutz durch die Polizei (vgl. Fromme Biermann in Bevc Zapf 2009 S. 135). In den Spielen der Civilisation Reihe wird die Entwicklung einer ganzen Civilisation simuliert, von der Steinzeit bis in die Zukunft. Dabei hat der Spieler die Möglichkeit die unterschiedlichsten Technologien zu erforschen, die einander bedingen, um die nächste

Zivilisationsstufe zu erreichen. Zudem kann er zwischen verschiedensten Staatsformen wählen, die sich unterschiedlich auswirken (so bekommt der Spieler z. B. bei der Wahl der Staatsform Vasallentum einen Bonus auf das Militär). Weiterhin hat er die Möglichkeit mit anderen Spielern (bzw. vom Computer gesteuerte Spieler) Handel zu treiben und das Spiel mit diplomatischen oder kriegerischen Mitteln zu gewinnen (vgl. Fromme Biermann in Bevc Zapf, 2009 S. 129-133).

Wie Fromme und Biermann beschreiben, können Computerspiele dazu dienen, Interesse an politischen Themen zu wecken (vgl. Fromme Biermann in Bevc Zapf, 2009 S. 129-133) Dennoch bilden die in diesen und vergleichbaren Spielen dargestellten Informationen nur eine extrem verdichtete Realität ab. Die Weltgeschichte ist in ihrer Komplexität ebenso wenig in einem Computerspiel richtig darzustellen wie eine komplette Stadtplanung. Deshalb kritisiert Tobias Bevc diese Spiele auch aufgrund ihrer funktionalen und kausalen Zusammenhänge (Beispiel bei Civilisation die Darstellung der Staatsform Polizeistaat die in diesem Spiel unreflektiert verwendet werden kann) und ordnet sie aufgrund dieser Komplexitätsreduzierung für die politische Bildung als eher ungeeignet ein (vgl Bevc in Bevc Zapf, 2009 S. 155, 160). Hier muss angemerkt werden, dass diese Bewertung nun richtig wäre, wenn diese Computerspiele den Anspruch einer Realitätssimulation hätten. Dieser ist aber im Gegensatz der oben genannten Serious oder educaitional games nicht gegeben. Spiele besitzen im Grundsatz immer funktionalistische Elemente, die sich im Wesentlichen auf die von Fritz formulierten Grundelemente der Spiele beziehen. Deshalb können sie, wie von Fromme und Biermann richtig beschrieben, bestenfalls Interesse an politischen Themen und Zusammenhängen wecken. Wird aber ein Spiel wie Sim City das viele gesellschaftliche und ökonomische Aspekte darstellt, in ein Unterrichtskonzept eingebunden, können die vom Spiel bereit gestellten Themen durchaus Lernpotential entfalten, das in Verknüpfung mit realen Zusammenhängen zu deren Darstellung dienen kann. Während sich Fromme, Biermann und Bevc in ihren Artikeln zu dem politischen Lernpotential äußern, konzentrieren sich Behr und Schedel auf den ökonomischen Aspekt. Hierzu untersucht sie wie die eben genannten Autoren zwei Aufbauspiele, die auch öko-nomische Aspekte besitzen. Sie kommen zum Schluss, dass beiden von ihnen untersuchten Aufbauspielen, marktwirtschaftliche Konzeptionen als Grundlage dienen. Allerdings weisen diese deutliche Merkmale der Zentralplanwirtschaft auf. Der Grund liegt in der Steuerbarkeit des Spiels, die eine Verdichtung der Komplexität nach sich zieht. Würden diese Spiele wirklich den vollen Umfang der Marktwirtschaft abbilden, wären sie womög-lich nicht mehr steuerbar und würden diese Voraussetzung für Unterhaltung verlieren (vgl.

Behr, Schaedel in Bevc Zapf, 2009 S. 203). Zu dem wirtschaftlichen Lernpotential konstatieren sie widersprüchliche Befunde. Besonders bei Personen, die sich aufgrund von wirtschaftlichen Vorwissens für ein diese Mechanismen abbildendes Spiel entscheiden, bleibt der Lernerfolg fraglich. Die Autoren weisen jedoch weiterhin auf eine Studie zu Sim City hin, infolge dieser bei Schülern der siebten Klasse ein größeres Verständnis für ökonomische Fragen festgestellt wurde (vgl. Behr Schaedel in Bevc Zapf, 2009 S. 204-205)

Zusammenfassend bleibt festzustellen, dass sowohl Computerspiele, die eine pädagogische Grundintention besitzen, als auch Unterhaltungsspiele, denen explizit ein pädagogisches Potential zugeschrieben wird, eine Bereicherung in den Aspekten der Bildung sein können. Im Bereich der Educational oder Serious Games besteht bestimmt noch Entwicklungsbedarf, aber auch enormes Potential. Durch höhere Produktionskosten und leichteren Zugang könnte mit Sicherheit auch mit der pädagogischen Grundintention ein größeres Publikum erreicht werden. Das Beispiel Frontiers zeigt dagegen, welche Möglichkeiten Computerspiele besitzen, um Themen auf eine ganze andere Art und Weise zu vermitteln. Der dokumentarische Charakter des Spiels und die ungewöhnliche Herangehensweise könnten einen ganz neuen Zugang zu Themenbereichen eröffnen, die über das klassische Feld der Computerspiel Inhalte und Mechaniken weit hinausgehen. Bei der Produktion von Computerspielen mit einer ernsten Intention sollten die Produzenten, wie das Negativbeispiel des Rekrutierungsspiels zeigt, auch immer Verantwortungsbewusstsein besitzen. Es reicht nicht, ernsten oder pädagogisch anmutenden Spielen a priori eine positive Grundintention zu unterstellen, auch diese Medien müssen kritisch beurteilt werden.

Abschließend soll darauf hingewiesen, dass Computerspiele nur ein Medium unter vielen sind. Durch ihre Interaktivität besitzen sie mit Sicherheit einen besonders leichten Zugang, dieser kann wie die obigen Beispiele zeigen, auch durchaus pädagogisch genutzt werden. Um aber vor allem langfristig einen wirklichen Lernerfolg zu erzielen, müssen das Spiel und dessen Inhalte in ein umfassendes pädagogisches Konzept eingebunden werden, das selbstverständlich andere Rezeptions und Reflektionsmöglichkeiten beinhaltet. Der Computer kann nur ein Mittler sein, den Lehrer kann er nicht ersetzen.

7. Pädagogische Konzepte und Ideen

Nachdem in den vorhergehenden Kapiteln nach den Nutzern, den Wirkungen und den Lernpotentialen von Computerspielen gefragt wurde, soll dieses Kapitel nun dazu dienen in der Konsequenz der Präsenz dieses Mediums, Möglichkeiten, Konzepte aber auch Forderungen an die pädagogische Praxis aufzuzeigen. Dabei sollen die Vielfalt der pädagogischen Konzepte berücksichtigt werden. Es soll deutlich werden, wie unterschiedlich das Medium Computerspiel pädagogisch bearbeitet werden kann.

Letztendlich dreht sich dabei alles um die zentrale Frage, wie der Umgang mit dem Medium erlernt werden kann, bzw. wie die Möglichkeiten, die die Spiele bieten, in der pädagogischen Praxis sinnvoll genutzt werden können.

7.1 Die Rolle des Körperlichen

Computerspiele sind virtuelle Objekte. Somit sind sie auch in einem profanen Sinne Objekte des Geistes. Während des Spielens befindet sich der Nutzer in Form von Immersion und des Flows in einer geistigen Welt. Im Zuge dieser Tätigkeit betätigt er sich zwar noch mit seinem Körper, indem er die Tasten drückt. Der Fokus ist jedoch ganz auf den Geist konzentriert, das Spielen ist eine hauptsächlich geistige Beschäftigung. Insofern spielt die Vernachlässigung des Körperlichen bei der Bearbeitung von Computerspielen eine große Rolle. Neben der ganz allgemeingültigen Tatsache, dass besonders bei einer deutlichen Fokussierung auf die Tätigkeit des Spielens der Körper, grade wenn in Entwicklung befindlich, nicht ausreichend trainiert wird, ist vor allem das Erleben von realen nicht virtuellen Erfahrungen von Bedeutung. Bei einer körperlichen Betätigung werden ganz andere Sinne angesprochen, die für den Menschen wichtige Erfahrungen darstellen. So ist die Tätigkeit des Computerspielens eine ziemlich einseitig auf den audiovisuellen Sinn konzentrierte Tätigkeit. Deshalb scheint es von besonderer Bedeutung bei der pädagogischen Arbeit mit Computerspielen, sich mit den anderen körperlichen Sinnen des Menschen zu beschäftigen, um diese zu trainieren aber auch um einen bewussten Bezug zur Realität herzustellen. So schlägt z. B. Grünbichler vor, dem Spieler Naturerfahrungen zu ermöglichen, um so den Bezug zum Erfahrungsraum Natur herzustellen und in diesem Zuge auch z. B den haptischen Sinn zu trainieren (vgl. Grünbichler, 2008 S. 96). Ein weiterer Vorschlag von ihm, besonders in Bearbeitung der sehr beliebten Computerrollenspiele, ist das Ausüben eines Liferollenspiels (vgl. Grünbichler, 2008 S. 96-98). Beim Liferollenspiel schlüpft der Spieler in fantastische Rollen und muss innerhalb eines Regelkontextes in ihnen agieren. Dabei ist es auch möglich zu kämpfen, zu verhandeln usw. Das Rollenspiel, welches der Nutzer am Computer erlebt hat, wird in die physische Welt der Realität oder, in Bezug auf Fritz, in die Spielwelt übertragen. Einige konkrete Konzepte, wie sie im Folgenden noch beschrieben werden sollen, konzentrieren sich ebenfalls stark auf das Zusammenspiel von geistiger virtueller Welt und den physischen Aspekten der Spielwelt. Ganz grundsätzlich muss aber an dieser Stelle noch erwähnt werden, dass diese physischen Erfahrungen auch deshalb so wichtig sind, weil sich die Lebensräume des modernen Menschen verändert haben. In grauen Vorstädten den Hochhauswelten, gehen viele Spiel- räume im Freien für die Kinder verloren, was womöglich auch das Spielen von Computer- spielen verführerischer macht (vgl. Grünbichler, 2008 S. 93) bzw. (Köhler 2008 S. 18- 20). Deshalb besitzen Konzepte, die sich mit physischen Erfahrungen beschäftigen, auch eine große Allgemeingültigkeit.

Weiterhin gibt es aber Entwicklungen auf dem Videospielemarkt, wie die Wii Konsole von Nintendo, bei der über einen Sensor Bewegungen auf die Spielfigur übertragen werden und diese somit gesteuert wird. „ In the future we`re likely to see more games that help us burn calories and stay in shape. They`re not a replacement for real-world sports, but they`re pontentially a nice complement to them" (vgl. Kutner, Olson, 2008 S. 216).

Im Grunde ist ein Videospielgerät wie die Wii nur der konsequente Versuch der Industrie, die Kluft zwischen der geistigen virtuellen und der körperlichen Real-oder Spielwelt zu überwinden. Die Pädagogik sollte es sich deshalb zur Aufgabe machen, dem heranwach- senden Menschen mehrere Erfahrungswelten zur Verfügung zu stellen.

7.2   Hardliner Konzept nach Wiemken

Das von Jens Wiemken entwickelte Hardliner-Konzept stellt eine außerordentlich gute Möglichkeit des Umgangs mit Kampf bzw. Gewalt beinhaltenden Computerspielen dar. Deshalb verdient es einen eigenen Abschnitt. Im dem darauf folgenden Abschnitt soll dann noch auf andere Konzepte eingegangen werden. Im Groben geht es bei diesem Konzept um eine Umsetzung von gewaltverherrlichenden Spielen in die Realität. Der Ansatz wurde für die Arbeit zur Gewaltprävention in außerschulischen Gruppen, für Projektgruppen und Bildungsfahrten entwickelt. Dabei spielen die Aspekte Eindeutigkeit, Kriegsspiel (in Bezug auf die Imitation der Erwachsenenwelt), Beziehungen aufbauen, Geschichten und Mythen ausleben eine große Rolle (vgl. Wiemken in Fromme Meder 2001 S. 86-89).

Zuerst wird zwischen Pädagogen und Teilnehmern ein Vertrag geschlossen, in dem Verhaltensregeln festgelegt werden. Dann wird zusammen ein Gewalt beinhaltendes Computerspiel gespielt, wie z.B. ein Egoshooter oder ein Echtzeitstrategiespiel. Daraufhin werden einzelne Elemente benannt und auf die Umsetzung in die Wirklichkeit hin überprüft. (vgl. Wiemken in Fromme Meder 2001 S. 87-88). Währenddessen finden Gespräche über die Spiele zwischen den Pädagogen und den Kindern oder Jugendlichen im Generellen statt, um so deren Interessen aber auch Ängste in Erfahrung zu bringen und daraufhin Beziehungen aufzubauen. Die Pädagogen zeigen so, dass sie die Kinder Jugendlichen ernst nehmen, sich für sie interessieren. Nach dem Computerspielen und Beratung der Umsetzung in die Realität wird durch eine Art Kriegsvertrag (im Zuge dessen wieder Regeln festgelegt werden) ein Raum geschaffen, in dem das Spiel in der Realität stattfinden kann. Das Wesen das Hardliner Konzeptes ist die Gegenüberstellung von virtuellem und realem Kampf. Dazu lässt Wiemken die Teilnehmer in einer Art Tunier erst in einem Prügelspiel gegeneinander antreten, um dann mit den beiden Besten einen Ringkampf zu veranstalten. In dem von ihm geschilderten Beispiel begannen die Teilnehmer zu lachen. Um ihnen zu zeigen, dass Gewalt und Kampf aber nicht lustig sind, ließ er auf eine Aufforderung hin einem Spieler die Augen verbinden, der daraufhin von den Teilnehmern durch einen Angriff überrascht wurde. Danach folgten Gesprächen über die Erfahrungen.

Bei der Umsetzung eines Shooter Spiels verwendet Wiemken Luftpumpen, mit denen Korken verschossen werden. Neben den Luftpumpen sieht Wiemken auch den Nahkampf vor (vgl. Wiemken in Fromme Meder 2001 S. 90-92).

Innerhalb der vorher festgelegten Regeln können sich die Teilnehmer nun bekämpfen. Das Ziel des Hardliner-Konzeptes ist das Erlernen von Selbst- und Fremdwahrnehmung vor allem aber von Empathie. Computerspiele können wie in Abschnitt 4.5 beschrieben aufgrund ihrer Funktionalität Empathie nicht vermitteln. Die Selbstwahrnehmung der eigenen Ängste und Verletzlichkeit, die Wahrnehmung der Fremden durch die Sorge um den anderen werden so erlebt. Daraufhin entstehen Selbst und Fremdverantwortung und schließlich Empathie (vgl. Wiemken in Fromme Meder 2001 S. 93). Durch die Übertragung der Spiele in die Realität wird die Gewalt in ihnen thematisiert. Durch die Erfahrung, aber auch durch die Gespräche darüber wird sie reflektiert. Neben dem Ziel der Gewaltprävention leistet das Hardliner-Konzept auch die im vorhergehenden Abschnitt beschriebene Erfahrung der Körperlichkeit. Hier wird sie im Kontext von reglementierter Gewalt thematisiert und die plastische Funktionalität der Spiele in die real erfahrbare Spielwelt überführt, um so umfassende zusammenhängende Erfahrungen zu ermöglichen, die letztendlich zu einem reflektierteren Umgang mit dem Medium führen können. Deshalb halte ich das Hardliner-Konzept von Wiemken für ein außerordentlich gutes Beispiel eines Konzeptes zum Umgang mit Computerspielen.

7.3 Projekte und Konzepte

In den meisten Projekten oder Konzepten zur Bearbeitung von Computerspielen geht es wie schon im dem Hardliner Konzept, in ähnlicher Weise darum, das Spiel in andere Erfahrungswelten zu übertragen oder sie damit zu verknüpfen bzw. darum über das Thema des Spielens zu reflektieren.

Jürgen Sleegers vollzog mit einer Gruppe von Kindern im Alter von 7-13 Jahren die Umsetzung eines Computerspiels als Brettspiel. Hierbei handelt es sich um ein Projekt (z.B. für die Schule), das mehrere Wochen beansprucht. Zuerst wird in der Gruppe das Computerspiel gespielt im Zuge dessen die Regeln, das Spielprinzip und das Ziel erfasst. Dann wird gemeinsam ein Konzept entwickelt, wie dieses in ein Brettspiel umgesetzt werden kann. Danach wird das Brettspiel selbst hergestellt. Die angestrebten Ziele der Umsetzung sind: das Erfassen der Regeln des Computerspiels, welches aufgrund der Technik meist komplexer ist als das Brettspiel, das Übertragen des Spielprinzips auf das Brettspiel, Kreatives Handeln, Teamarbeit bei der gemeinsam Entwicklung und Durchhaltevermögen bei der komplexen Aufgabe (vgl. Sleegers in Kaminski Witting, 2007 S. 76-83).

Thomas Kohring besuchte mit Hortkindern eine Feuerwache. Im Vorfeld ließ er sie die Feuerwehrsimulation „Firedepartment 2" spielen. Im Zuge des Spielens der Simulation, bei der Feuerwehreinsätze durchgeführt werden müssen, konnten die Kinder etwas über den Beruf des Feuerwehrmanns erfahren. Der Besuch auf der Feuerwache diente nun dazu, die Eindrücke des Spiels in der Realität zu überprüfen. Die Kinder durften die schwere Arbeitskleidung anprobieren und in Gesprächen mit den Feuerwehrleuten erfahren, wie anstrengend ihr Beruf wirklich ist (vgl. Kohring in Kaminski Witting, 2007 S. 93-95). Das Ziel dieses Projektes ist es, über ein Computerspiel das Interesse der Kinder für ein Thema zu wecken, um daraufhin eine direkte Überprüfung in der Realität zu unternehmen.

Ein komplexes Großprojekt stellt die von Sleegers und Pohlmann beschriebene Spielaktion „Time Trouble" dar. Bei dieser modernen Variante einer Schnitzeljagd kommen alle möglichen multimedialen Geräte zum Einsatz. Das Spiel ist für mehrere Gruppen von Jugendlichen konzipiert und fand nach der Beschreibung der beiden Autoren bereits zweimal in Köln statt. Der Aufhänger ist eine Geschichte um einen verrückten Wissenschaftler der es geschafft hat, eine Zeitmaschine zu entwickeln, womit er in die Vergangenheit reisen kann, wo er das Zeitkontinuum aus den Fugen bringen, und auf diesem Wege die Weltherrschaft an sich zu reißen kann. Dies gilt es für die Teilnehmer im Auftrag des Geheimdienstes zu verhindern, indem diese die Zeitmaschine finden. Für die Lösung erhalten alle Teilnehmer einen Agentenkoffer, der neben nützlichen und weniger nützlichen Dingen auch eine Digitalkamera und ein Handy enthält. Des weiteren wird speziell für diese Projekt eine Homepage des fiktiven Geheimdienstes erstellt, zu der sich die Teilnehmer erst nach Lösung eines Zahlenrätsels Zugang verschaffen können. Nach einem Briefing werden die Gruppen losgeschickt. Dabei wurden ihnen verschieden zu lösende Aufgaben per SmS übermittelt. Die Aufgaben und deren Verteilung werden von dem Projektleitungsteam verteilt. So ist es auch möglich, den Fortschritt der Aktion zu steuern um so Gruppen, die schneller vorankommen, neue Aufgaben zu geben, mit dem Ziel das Ende gemeinsam zu erleben. Die Aufgaben verknüpfen dabei auf kreative wie aufwendige Art und Weise die Benutzung von multimedialen Geräten mit der Realität. So muss zum Beispiel zuerst ein Agentenausweis erstellt werden, für den mit Hilfe der Digitalkamera ein Gruppenfoto angefertigt und ausgedruckt werden muss. Dabei sind die Aufgaben immer mit der Spiel- geschichte verknüpft. So sollen die Teilnehmergruppen in der Stadt beispielsweise Beweise für die Zeitmanipulation des verrückten Wissenschaftlers finden. Hierzu müssen sie Fotos in der Stadt machen und diese dann per MMS an die Projektleitung verschicken. In einer Folgeaufgabe bekommen die Teams die Fotos der jeweils anderen und müssen die von den anderen fotografierte Stelle in der Stadt finden. Im Laufe der Geschichte kommt es zu unvorhergesehenen Ereignissen. So taucht schließlich ein Informant auf, den die Teams gemeinsam ausfindig machen müssen. Zuletzt wird die Zeitmaschine gefunden und die Teilnehmer müssen sie mit Zuhilfenahme und Kombination der Gegengenstände aus einem unsichtbaren für die Agenten gefährlichen Bereich herausbefördern.

Dieses Konzept hält sich im Grundsatz an die von Adventure Spielen gewohnte Mechanik bei der es mit Zuhilfenahme eines Inventars Rätsel zu lösen gilt.

Bei der Durchführung müssen die Teilnehmer unterschiedliche Situationen bewältigen, so spielen neben kognitiven Fähigkeiten (z.B. zum Lösen von Buchstaben Zahlenrätseln) auch Kreativität und Teamwork eine Rolle (vgl. Pohlmann Sleegers in Kaminiski Witting 2007, S. 96-122).

Geschickt und sehr aufwendig verknüpft dieses Konzept dabei die Benutzung von techni- schen Geräten mit dem Training von anderen Fähigkeiten.

Hier wird wirklich versucht ein komplettes Computerspiel in die Realität umzusetzen, welches Spielgeschichte und Mechanik (Rätsel) beinhaltet.

Durch die Verknüpfung der Computertechnologie mit der Realität wird diese mit ihr in Bezug gesetzt und so direkte, beide Welten beinhaltende Erfahrungen ermöglicht.

Susanne Kirk beschreibt ein von ihr durchgeführtes Projekt, bei dem sie mit einer Gruppe die Handlung eines Computerspiels in das Psychodrama überführte.

Dazu ließ sie eine Gruppe von Mädchen erst ein an ein Märchen erinnerndes Adventure spielen und dann mit Hilfe psychdramatischer Techniken bearbeiten.

Hierbei war es neben der Gelegenheit verschiedene Rollen zu spielen und diese zu reflektieren auch möglich, eine Szene vollkommen neu zu inszenieren. Das Rollenspiel beinhaltete auch die Möglichkeit, Kostüme für dieses zu entwerfen und herzustellen. Das Projekt wurde erfolgreich durchgeführt. Die Ergebnisse zeigten die Möglichkeit zu einer Auseinandersetzung mit sich selbst, mit Gruppenerfahrungen und damit dem Verhältnis zur Gesellschaft. Weiterhin wurde durch die Computerspielumsetzung aber auch das Verhältnis von der virtuellen zur realen Welt in Bezug gesetzt (vgl. Kirk in Fromme Meder 2001 S. 99-113).

Neben diesen Projekten, die Computerspiele mit der Realität verknüpfen bzw. sie in die reale oder physische Spielwelt umsetzen, gibt es auch Projekte, bei denen Kinder oder Jugendliche zusammen oder im Beisein von Pädagogen Computer spielen. So berichtet Pohlmann von einem Projekt zu dem MMO World of Warcraft. Dazu spielten Jugendliche im Alter von 12 und 17 Jahren gemeinsam in einem Multimediaraum. Hierzu erstellten alle einen neuen Charakter und gründeten eine neue Gilde. Spieler mit Erfahrung halfen Neulingen. Später wurde das Projekt dann Eltern und Pädagogen präsentiert. Das Ziel des Projektes war es, die Spieler aus der gewohnten Umgebung herauszuholen. Durch das gemeinsame Spiel in einer Räumlichkeit entstanden Gespräche über andere Lebensbereiche und Freundschaften. Weiterhin konnten die Teilnehmer durch die Präsentation des Projektes ihren Eltern darstellen, was sie im Spiel erleben und so zur Aufklärung beitragen bzw. einen Zugang zum Verständnis und Interesse der Eltern herstellen (vgl. Pohlmann in Kaminiski Witting 2007 S. 91-93).

Ein ähnliches Projekt, beschrieben von Wiemken, wurde bereits 1994-97 in verschiedenen Schulen durchgeführt, also ein Modellversuch der Integration von Computerspielen in den Schulunterricht. Dazu wurden an den verschiedenen Schulen Arbeitsgemeinschaften zum Thema eingerichtet, oder aber Computerspiele als Wahlpflichtfach anboten. Ein Lehrer fügte eine Stunde für das Spielen in den Unterricht ein. In einer anderen Schule durften die

Schüler zwischen 10 und 16 h in einem von einem Sozialpädagogen eingerichteten Raum spielen (vgl. Wiemken in Fromme Meder 2001 S. 129-131).

Es zeigte sich in der Spielstunde recht bald, dass es Schüler gab, die in diesem oder jenem Spiel besser waren als andere; sie traten als Experten auf. Diese Experten begannen dann die weniger wissenden Schüler zu beraten. Schüler verspürten auch den Ansporn selbst zum Experten zu werden (vgl. ebenda S. 135-137). Die Spielstunde diente den Lehrkräften dazu, mit den Schülern ins Gespräch zu kommen. Dabei wurde auch die klassische Rolle des Lehrers umgekehrt, der nun beim gemeinsamen Spiel plötzlich von dem Schüler Ratschläge erhielt. Dies ermöglichte, dass sich die Schüler auf eine ganz andere Art und Weise wahrnehmen konnten, indem sie Fähigkeiten präsentierten, die sie dem Lehrer voraushatten. Dieses Einlassen des Lehrers auf die Interessen der Schüler an Bildschirmspielen führte dazu, dass sich diese ernster genommen fühlten und das gegenseitige Vertrauen besser wurde. Wiemken erwähnt in seinem Bericht eine Lehrerin, ihre im Zuge dieses Projektes durchgeführten Klassengespräche, und eines gemeinsamem Frühstücks, was zu einer erheblich besseren Arbeitsatmosphäre und infolgedessen auch zu besseren Unterrichtsergebnissen führte (vgl. ebenda S. 143).

Computerspiele können die Interaktion zwischen Lehrern und Schülern verbessern, sofern diese Chance von den betreffenden Lehrkräften genutzt bzw. wahrgenommen wird (vgl. ebenda. S. 142).

Ein weiteres naheliegendes Beispiel mit dem Fokus auf die Interaktion zwischen Pädagogen und Jugendlichen ist das Veranstalten von LAN (local area network) Partys in Jugendzentren. Auch hierbei geht es darum, den Spieler aus der Isolation des heimischen Zimmers zu holen, vermittels der Atmosphäre des gemeinsamen Spielens in einem Raum andere Kontakte knüpfen zu können oder in Gesprächen über die Spiele reflektieren zu können (vgl. Grünbichler, 2008 S. 95).

7.4   Die Rolle der Eltern

Die wichtigsten Bezugspersonen für ein Kind oder Jugendlichen sind die Eltern. Diese haben ein Auge auf ihre Kinder und im Elternhaus kommt es meist zu Konflikten, wenn ein Kind oder Jugendlicher dieses und jenes Videospiel spielt oder es zu lang spielt. Deshalb halte ich die Eltern für die Schlüsselfiguren, wenn es um die Medienerziehung ihrer Kinder geht. Kutner und Olson schlagen den Eltern vor, involviert zu bleiben sich dafür zu interessieren, was ihre Kinder spielen bzw. es sich von ihnen zeigen zu lassen, um so zu einer Konversation darüber zu kommen (vgl. Kutner, Olson, 2008 S. 220-222). Weiterhin sollten sie ihre Perspektive in Bezug auf die Wirkung von Mediengewalt verändern, weil Beziehungen zur realen Gewalt existieren, aber keine Kausalität. Im Besonderen, wenn das Spiel die Hauptbeschäftigung des Kindes ist, sollte im Speziellen darauf geachtet werden (vgl. ebenda S. 222-223). Drittens sollten sie sich und ihre Kinder über die Medieninhalte informieren. Viertens sollten sie die Werkzeuge, die sich ihnen bieten, wie Internetfilter oder Filtersoftware, nutzen (vgl. ebenda S. 225-226). Pohlmann rät den Eltern weiterhin, sich mit anderen Eltern auszutauschen, Regeln vorzugeben, Alternativen zum Computerspiel anzubieten, selbst ein gutes Vorbild bei der Mediennutzung zu sein, auf Spielzeiten und Alterseinstufungen zu achten (vgl. Pohlmann in Kaminski, Witting S. 133-140).

Mittlerweile gibt es auch pädagogisch angeleitete Events, wie Eltern LAN Partys, bei denen neben dem gemeinsamen Spielen auch eine pädagogische Betreuung und Nachbesprechung erfolgt[52]. Dies ist ein guter Ansatz um die Interaktion der Eltern mit ihren Kindern zu erleichtern, Zuschreibungen und Vorurteile abzubauen.

Eltern haben Einfluss auf ihre Kinder, deshalb halte ich die Rolle der Eltern beim Umgang mit Medien für absolut wichtig. Wenn sie sich für die Betätigungen ihrer Kinder interessieren und sich über diese informieren, können sie auf diese Weise einen Zugang zu der Mediennutzungswelt ihrer Kinder bekommen. Daraufhin wird es zu einer Interaktion zwischen Eltern und Kindern oder Jugendlichen kommen.

Wenn infolgedessen mit Zuhilfenahme von Informationen über die Interaktion das Mediennutzungsverhalten reflektiert wird, dann sollte es gut möglich sein, dass die Kinder einen positiven Umgang mit dem Medium Computerspiele erlernen und erreichen.

---

[52]   http://www.spielbar.de/neu/2010/04/medienpadagogische-workshops-lan-partys-fur-eltern-2010/ gesehen am 20.04.2010

7.5 Ideen für Projekte

Wie im Rahmen der vorhergehenden Abschnitte verdeutlicht wurde, konzentrieren sich die meisten Projekte entweder darauf, das virtuelle Geschehen auf dem Bildschirm umzusetzen und damit zu reflektieren, den Kinder und Jugendlichen andere Ergebniswelten zu bieten oder aber durch die gemeinsame Tätigkeit des Spielens zu einer Interaktion zu gelangen.

Deshalb bieten sich meiner Meinung nach alle Ideen an, die diese Aspekte unterstützen. Zum Beispiel könnte man versuchen ein Computerspiel, z. B. ein beliebtes Rollenspiel mit einer Gruppe als Pen-und-Paper-Rollenspiel umzusetzen. Hierbei würde es zu einer Interaktion zwischen Pädagogen und Jugendlichen kommen. Das Computerspiel würde durch die Transformation reflektiert und dem Spieler würden aufgrund der Mechanik des Pen-und-Paper-Spiels, das, obwohl dem Computerspiel grundsätzlich ähnlich, viel mehr Fantasie erfordert, wieder neue oder andere Erfahrungswelten zugänglich. Auch könnte beispielsweise ein Raum wie ein Computerspiel Level gestaltet werden. Daraufhin müsste der Spieler verschiedene Geschicklichkeitsaufgaben, z. B. Sprungeinladen, bewältigen, hätte sich einer choreographierten oder nicht choreographierten Form Gegner zu erwehren, in dem er diese mit Bällen bewerfen würde.

Beispiele für diese Arten von Projekten sind in vielfältiger Art und Weise denkbar.

Ein Aspekt erscheint mir jedoch wichtig, der bisher noch kaum genannt worden ist, nämlich Projekte für die Eltern. Projekte, die über die üblichen Informationsangebote hinausgehen. Ein gutes Beispiel hierfür sind die im letzten Abschnitt erwähnte Eltern LAN Party, bei denen die Eltern angeleitet von einer Fachkraft gemeinsam Computerspiele ausprobieren, dann darüber diskutieren bzw. das Erlebte reflektieren. Dies wird den Zugang zu der Welt ihrer Kinder ermöglichen, die Graben überwinden, sowie mögliche Vorurteile und Zuschreibungen überwinden helfen. Die Eltern können zum einen selbst die Inhalte, vor und Nachteile der Computerspiele kennenlernen, und so zu einer objektiven Beurteilung gelangen. Zum anderen können diese Kenntnisse auch zu einer anderen Kommunikationsbasis mit ihren Kindern führen.

Deshalb wären darüber hinaus ebenfalls Projekte denkbar, in denen Eltern und Kinder lernen, gemeinsam mit einander Computer zu spielen. Dies weitergeführt könnte womöglich in Projekte münden, in denen Eltern zuerst mit ihren Kindern Computerspielen z.B. ein Sportspiel, um danach mit ihnen den Sport tatsächlich auszuüben. Beispielsweise würden in diesem Szenario Väter mit ihren Söhnen zuerst ein Fußball Computerspiel spielen oder gar darin gegeneinander antreten und daraufhin ein richtiges Fußballspiel im Freien zu absolvieren. Somit würde wieder die Verbindung von virtueller und physischer Spielwelt vollzogen werden.

Varianten in vielfältiger Form wären vorstellbar.

Für den bestmöglichen Umgang mit Computerspielen halte ich die Eltern, für ausgeschlossen wichtig, wenn nicht gar für die Schlüsselfiguren. Deshalb reicht es nicht, wenn sich die Eltern nur über Spiele informieren, sie müssen sie selbst spielen und sich diese Erfahrung ermöglichen. Dann können sie die Motive ihrer Kinder besser verstehen (vgl. auch Kutner Olson 2008 S. 222). Wenn der Zugang ermöglicht wurde, wird die Kommunikation und Reflektion mit Sicherheit erleichtert werden. Zudem schafft das gemeinsame Computerspiel gemeinsame Erlebnisse und kann so langfristig auch das Verhältnis der Eltern zu den Kindern verbessern.

7.6 Informationsangebote

Informationsangebote über Computerspiele existieren viele. In den meisten Fällen jedoch handelt es sich um objektive Spielebeurteilungen von Spielemagazinen. Diesen fehlt jedoch jeder Fokus auf die pädagogische Beurteilung des Spiels. Ein besonderes Angebot bietet jedoch der vom Computerprojekt Köln e.V getragene und vom Land Nordrheinwestfalen geförderte Spieleratgeber nrw (vgl. spielratgeber nrw[53])

Bei diesem werden Computerspiele nicht nur nach Grafik, Sound, Steuerung und Spielspass beurteilt, sondern auch nach dem pädagogischen Gehalt.

Dabei gehen die Redakteure detailliert auf die Spielmechanik und die Darstellungsweise ein und vergeben daraufhin Empfehlungen. Da kann es schon mal vorkommen, dass ein Spiel, wie z.B. die U-Boot Simulation Silent Hunter 4, von der USK ab 12 Jahren freigegeben wurde und die Redakteure dieses aufgrund der Komplexität und der Kriegsästhetik erst ab 14 Jahren empfehlen.

Neben der Beurteilung von vielen populären Computer- und Videospielen geben die Redakteure auch Tipps für Spiele mit besonderem pädagogischen Gehalt.

Ein vergleichbares Pendant in Form eines Printmediums, das den Fokus vielleicht deutlich auf die Perspektive Eltern legt, wäre mit Sicherheit wünschenswert.

---

[53] www.spieleratgeber-nrw.de gesehen am 23.03.2010

Im Internet existieren weiterhin eine Fülle von Informationsangeboten. Ich will hier im Rahmen dieser Arbeit dezidiert auf zwei besonders seriöse Angebote hinweisen. Die Fachhochschule Köln besitzt ein eigenes Institut zur Förderung von Medienkompetenz. Auf dessen Internetseite finden sich viele einfach zu verstehende Informationen zur Thematik sowie umfangreiche Hintergrundinformationen[54]. Die Bundeszentrale für politische Bildung bietet ebenfalls in Zusammenarbeit mit der Fachhochschule Köln eine ähnliche Internetseite an. Auf www.spielbar.de finden sich neben den erwähnten Grund- und Hintergrundinformationen ebenfalls pädagogische Spielebeurteilungen zu einer Fülle von Spielen.

Aufgrund des Fokus auf der pädagogischen Beurteilung von Computerspielen stechen der Spielratgeber Nrw, sowie spielbar.de aus der Liste der meisten Informationsangebote über Computerspiele deutlich heraus und können deshalb auch als innovatives Konzept zum Umgang Computerspielen gesehen werden.

Die genannten Informationsangebote zeigen, dass sowohl die Regierung als auch die Wissenschaft mittlerweile auf das Phänomen Computerspiele eingeht, indem sie der Hauptzielgruppe der Eltern und Fachkräfte umfassende seriöse Informationen bereitstellt und Spiele nach ihrem pädagogischen Gehalt beurteilt. Dies spricht für einen offensiven Umgang mit dem beliebten modernen Medium Computerspiel.

7.7   Konsequenzen und Forderungen

Die Hauptkonsequenz aus der gesamten Betrachtung des Phänomens Computerspiele ist die Forderung nach einer umfassenden Erziehung zur Medienkompetenz.

Der Technisierung des Lebens durch moderne Datenverarbeitungsgeräte können wir uns, ob wir sie nun zum Spielen oder anders nutzen, nicht mehr entziehen. Davon betroffen sind ohne Ausnahme alle Teile der Bevölkerung und alle Altersgruppen. Deshalb muss der Fokus der Zukunft auf dem Erwerb von Medienkompetenz liegen (vgl. Köhler 2008 S. 199). „...anstatt bewährpädagogischer Verbote sollte lieber mehr Wert auf die Medienerziehung in den Institutionen als auch in der Familie gelegt werden" (vgl. Köhler 2008 S. 200). Dabei ist die Medienkompetenz sowohl eine Bildungsaufgabe, eine intergenerationale Aufgabe, eine gesellschaftliche als auch interkulturelle Aufgabe. Medienkompetenz kann in Institutionen vermittelt werden, sie kann von der jüngeren an die ältere Generation

---

[54] http://www1.fh-koeln.de/spielraum/start/ gesehen am 24.03.2010

weitergegeben werden und umgekehrt, die gesamte Gesellschaft und alle Kulturbereiche müssen dazu beitragen, dass Menschen innerhalb der eigenen Gesellschaft oder aus anderen Kulturen nicht von den Errungenschaften der modernen Welt ausgeschlossen werden (vgl. ebenda S. 204-207). Köhler weist in Bezug auf Baake darauf hin, dass die Medienkompetenz zudem vier Dimensionen beinhaltet, die Medienkritik, die Medienkunde, Mediennutzung und Mediengestaltung.

Infolgedessen müssen Konzepte entworfen werden, wie dieses Ziel einer umfassenden Medienerziehung erreicht werden kann. Wie von Grünbichler z.B. vorgeschlagen mit einem eigenen Unterrichtsfach für Onlinerollenspiele (vgl. Grünbichler 2008 S. 109) oder einem generellen Schulfach Medienkompetenz oder Computerspiele. In letztendlicher Konsequenz müsste die Förderung der Medienkompetenz noch viel deutlicher im Fokus der Politik stehen.

Das Ziel muss immer ein reflektierter Umgang mit den modernen Medium sein.

Wir sind diesen Medien schließlich nicht hilflos ausgeliefert, sondern können, und das müssen wir lernen, sie uns aktiv zu Nutze zu machen.

8. Fazit

Computerspiele sind, und das zeigen auch die Darstellungen in dieser Arbeit, ein Phänomen der Moderne. Kaum ein anderes Medium hat in den letzten 20 Jahren unseren Alltag mehr verändert als der Computer und später auch das Internet.

Wir sind verwoben mit dieser Technik und den von ihr ausgehenden Möglichkeiten. Computerspiele sind ein Teil des Ausschöpfens dieser Möglichkeiten. Im Grunde stellen sie einen Teil dieser Möglichkeiten in einer sehr verdichteten Form erst dar. Der Mensch ist ein spielendes Wesen. Wir benötigen Spiele, um in einem geschlossenen geschützten Rahmen Dinge erproben zu können. Spiele spiegeln und verarbeiten einen Teil der Wirklichkeit, eröffnen aber gleichzeitig die Möglichkeit der Kreativität. Der Computer kann mit seinen enormen technischen Möglichkeiten, ein sehr viel Potential bietender Spielplatz sein. Computerspiele sind ein interaktives Medium, doch die Interaktivität ist nicht grenzenlos. Es kann auch eine Handlung erlebt werden. Computerspiele können sowohl Sandkasten als auch ein interaktiver Film oder Roman sein. Damit erschaffen sie völlig neue Möglichkeiten, die verschiedenen Inhalte, die Medien bieten, zu vereinen. Der Grund Computer zu spielen ist neben der puren Langweile oft der Wunsch nach gemeinsamem Erleben mit Anderen. Bildschirmspiele dienen somit auch als gemeinsamer Spielplatz, und erweitern die Möglichkeiten des gemeinsamen Spiels. Computerspiele versprechen Erfolgserlebnisse. Der Nutzer erwartet Belohnungen und kann sie in den Spielen erhalten. Wenn ihm das gelingt, entsteht ein Fluss von Interaktivität zwischen Nutzer und Spiel. Voraussetzung ist: das Spiel muss den Nutzer ansprechen. Es darf nicht zu leicht und zu schwer sein. Zwischen Nutzer und Spiel geschieht eine Menge, damit sie zueinander finden. Neben den Belohnungen bieten Spiele vor allem das Erleben von Macht, Erledigung, Herrschaft und Ordnung. Im Wesentlichen spiegeln sie in einer sehr funktionalistischen Form, bestimmte Inhalte der menschlichen Geschichte und des Lebens, die ebenfalls in übertragener Form im menschlichen Alltag zu finden sind. Die Faszination für Computerspielgewalt ergibt sich aus in der menschlichen Geschichte und in der Realität vorhandener Gewalt und einer funktionalistischen Wahrnehmung des Geschehens auf dem Bildschirm. Computerspiele sind komplexe Medien. So groß die technischen Möglichkeiten des Gerätes, so groß auch die Ausdrucksmöglichkeiten im Bildschirmspiel. Der Spieler hat die Möglichkeit Rätsel zu lösen, eine Stadt aufzubauen oder eben in einen Krieg zu ziehen. Die Vielfalt der Möglichkeiten der Erprobung und der Entfaltung machen einen erheblichen Teil der Faszination von Computerspielen aus.

Das Spielverhalten ist zwischen den Geschlechtern sehr unterschiedlich. Bevorzugen Jungen deutlich Kampf orientiertere Spiele, so bevorzugen Mädchen eher Ordnung beinhaltende Spiele. Die Hauptrezeptions- aber auch Zielgruppe für Computerspiele ist dabei immer noch männlichen Geschlechts.

Aber die Nutzerstruktur hat sich schon verändert. Heute besitzen immer breitere Bevölkerungsschichten einen Zugang zu dem Medium und nehmen diese auch wahr.

Welche Auswirkungen haben Medien? Darauf fand die Wissenschaft im Laufe des letzten und diesen Jahrhunderts eine Menge Antworten. Ursprünglich ging man von einer kausalen Wirkung der Medien auf den Menschen aus.

Später wurde die Zuwendung des Nutzers zu den Medien als eine Suche nach Belohnungen beschrieben. Das in dieser Arbeit vorgestellte Transfermodell stellt einen Ansatz dar, der die Komplexität des Austauschprozesses zwischen Medium und Nutzer beschreibt. Der Mensch ist ein Wesen, welches in verschiedene Lebenswelten eingebunden ist. Die wichtigste Lebenswelt ist die reale Welt. Wenn sich ein Mensch einem Medium zuwendet, zieht er um die Welten einen Rahmen, um sie von einander abzugrenzen. Entscheidend ist die Rahmung der überlebenswichtigen realen Welt. Bei dem Bewegen zwischen den Welten kann es zu Transfers kommen. Wie bedeutsam sich diese Transfers gestalten, kann die Frage nach der Gefährlichkeit eines Mediums wie den Computerspielen beantworten. Die in dieser Arbeit dargestellten Ergebnisse zeigen, dass die reale Welt sehr deutlich von den anderen Welten durch einen Rahmen geschützt wird. Aus der Welt der Computerspiele kann es vor allem zu Transfers kommen, wenn die Spiele eine besonders hohe Gemeinsamkeit mit der Lebensrealität des Nutzers besitzen (wie z. B. das in Abschnitt 3.2 beschriebene Beispiel mit dem Autorennspiel). Der häufigste Transfer ist ein kurz nach dem Spiel auftretender emotionaler Transfer eines Gefühls, das mit der Erregung während des Spiels zusammenhängt. Zusammenfassend ist die wichtigste Erkenntnis aus den Untersuchungen der Transfers, dass deutlich weniger Transfers von der virtuellen in die reale Welt gelangen als umgekehrt. Der Mensch bewertet ein Computerspiel nach in der realen Welt erlernten moralischen Maßstäben. Dementsprechend kommt es aufgrund dessen eher zu ethisch moralischen Transfers von der realen in die virtuelle Welt. Eine ebenfalls wichtige Erkenntnis ist, dass Spieler die reale Welt bereits beim Starten des Spiels rahmen, noch bevor durch das Menü das eigentliche Spiel gestartet wird.

Wie erfolgreich dieses Rahmen ist, darüber entscheidet die Rahmungskompetenz. Diese ist aber aufgrund der in der Arbeit beschriebenen Erkenntnisse bei den meisten Menschen gut ausgeprägt.

Was das Transfermodell leistet, ist der Komplexität des Austauschprozesses zwischen Medium und Mensch Rechnung zu tragen. Bei der Bewertung von Medienwirkungsmodellen muss aber auch immer die Frage nach dem Menschenbild gestellt werden. Sehen wir den Menschen als ein hilfloses den Medien ausgeliefertes Wesen oder anerkennen wir die Komplexität des menschlichen Systems, das sich mit seiner Umwelt in Interaktion befindet?

Modelle, wie das in Abschnitt 4.4 vorgestellte Modell von Mößle Kleinmann u.a, stellen zwar verschiedene Faktoren zur Begründung von Gewaltprävalenz dar, gewichten diese aber weniger als die Medien. Eine Erkenntnis oder wichtige Aussage dieser Arbeit ist, dass es keine monokausalen Erklärungen und Lösungen für Probleme geben darf. Neue Medien wurden und werden immer mit einer gewissen Angst betrachtet. Deshalb eigenen sie sich womöglich besonders gut für die Erklärung eines Phänomens wie Gewaltprävalenz. Diese Erklärung ist jedoch viel zu einfach, berücksichtigt die Multifaktorialität des Entstehens von Gewaltprävalenz nicht (bzw. gewichtet sie falsch), geschweige denn des Austauschs zwischen Nutzer und dem Medium.

Computerspiele sind nicht der (alleinige) Grund für gewalttätige Jugendliche. Sie können ein Part zwischen wichtigeren Gründen wie z.B. Gewalt im Elternhaus sein. Bei den meisten Menschen ergeben sich aufgrund der hohen Rahmungskompetenz keinerlei negative Konsequenzen bei der Rezeption von Gewalt beinhaltenden Computerspielen.

Die Tätigkeit des Computerspielens besitzt hohe immersive Wirkung. Sie kann eine sehr zeitintensive Tätigkeit werden. Im Zuge des Internets entstanden Spielräume, in denen Menschen in komplexen Gemeinschaftsstrukturen gemeinsam spielen und sozial interagieren. Die neuen Welten erlauben völlig neue Möglichkeiten der sozialen Interaktion. Durch zeitintensive Spielaufgaben, dem besonderen Wunsch nach Belohnungen und durch sozialen Druck, kann es aber auch zu Computerspielsucht kommen. Das heißt einer nicht stofflich gebundenen Sucht in Form von Verhaltenssucht.

Damit diese aber seriös diagnostiziert werden kann, müssen harte Diagnosekriterien von der Wissenschaft formuliert und angewandt werden. Diese können nicht pauschal anhand der Spielzeit festgemacht werden. Die Voraussetzungen für die Verhaltenssucht sind komplex und vielfältig. Es kann keinesfalls von einer pauschalen Gefährdung durch den Gebrauch eines bestimmten Mediums ausgegangen werden. Den Betroffenen würde eine Anerkennung ihrer Krankheit durch Krankenkasse bzw. eine Aufnahme in den ICD 10 bei der Suche nach Finanzierung und Behandlungsmöglichkeiten helfen.

Insgesamt haben sowohl Wissenschaft als auch behandelnde Ärzte mit der Schaffung von

Therapiemöglichkeiten bereits auf das Phänomen reagiert.

Die Euphorie um die Gefährlichkeit von Spielen wie World of Warcraft berücksichtigt die angebrachten Kriterien für eine Sucht jedoch nicht.

In dieser Hinsicht sind weitere Forschungen von Nöten. Auch sollte eine Diskussion über die Verwendung des Suchtbegriffs entstehen, einerseits um den Betroffenen zu helfen, andererseits um einer Versüchtelung der Gesellschaft entgegenzuwirken.

Durch die Komplexität und die vielen Möglichkeiten der Darstellungsweise ermöglichen Computerspiele vielerlei Lernpotentiale. Oft bestehen diese darin, Probleme auf unterschiedliche Art und Weise zu lösen. Aber auch beispielsweise die Konzentration auf eine Tätigkeit oder der Umgang mit Lust oder Frust können durch Computerspiele erlernt werden. Weiterhin können ebenfalls soziale Kompetenzen im Teamspiel oder dem Austausch mit anderen Spielern erworben werden. Inwieweit sich die vielfältigen Lernpotentiale, die Computerspiele bieten, auf den Alltag übertragen lassen, muss noch weitreichend erforscht werden. Unabhängig von den kommerziell produzierten Spielen haben auch Computerspiele mit pädagogischer Grundintention viele Lernpotentiale. Durch geschickte Verknüpfung zwischen Ernst und Unterhaltung können sie über das Medium Computerspiel einen Zugang zu bestimmten Themen schaffen oder Interesse dafür generieren. Ein völlig neuer Zugang zu bestimmten Themen bieten Serious-Games, wie das vorgestellte Spiel Frontiers. Computerspiele könnten in der Zukunft die Möglichkeit schaffen, ganz neue Formen von Erfahrungsräumen für Menschen zu erschließen.

Für den pädagogischen Umgang mit Computerspielen wurden in der jüngeren Vergangenheit eine ganze Reihe von Konzepten entwickelt. Oft geht es in diesen darum, andere Erfahrungen zu ermöglichen, die sich jenseits des Virtuellen befinden. Dies geschieht z.B. in den beschriebenen Computerspielumsetzungen, in denen virtuelle Welt und Realität auf geschickte Art und Weise verknüpft und miteinander in Bezug gesetzt werden. In diesen Konzepten kann die Abgrenzung der realen und virtuellen Welt erlernt werden. Der Mensch kann hierbei auch lernen, die reale Welt als die wichtigste aller Welten zu sehen und sich an dieser Welt zu orientieren, um eben nicht in der virtuellen Welt verloren zu gehen.

Die entscheidende Konsequenz aus der Frage nach den Auswirkungen von Computerspielen ist letztendlich die Erlernung des Umgangs mit diesem Medium. Dazu ist es erforderlich, dass die Nutzer lernen die Medien und ihr Nutzungsverhalten zu reflektieren. Hierzu sind weitere umfassende Konzepte von Nöten, an denen alle Erziehungsinstitutionen beteiligt sein müssen. Eine besondere Rolle kommt in diesem Zusammenhang jedoch den

Eltern zu.

Es ist von größter Wichtigkeit, das diese einen Zugang zu dem Medium erhalten, um Zuschreibungen zu vermeiden, einen Zugang zu den Interessen des Kindes zu erhalten, und so das Mediennutzungsverhalten des Kindes besser bewerten und letztendlich besser darauf reagieren zu können. Computerspiele als Medium sind ein Produkt der technischen Entwicklung. Es wird nicht helfen, ihnen mit plumpen bewährpädagogischen Maßnahmen zu begegnen. Das Ziel muss reflektiertes Verhalten sein. Wir können die Entwicklung nicht aufhalten, aber wir können dem Menschen ermöglichen, als aktives und reflektiertes Wesen sich kritisch mit dieser Entwicklung und der Welt im Generellen auseinanderzusetzen.

9. Literaturverzeichnis

Bergemann, W, Hüther, G Computersüchtig, 2008, Weinheim & Basel, Belz Verlag

Bevc, T, Zapf H (Hrsg), Wie wir spielen was wir werden Computerspiele in unserer Gesellschaft, 2009, UVK Verlagsgesellschaft, Konstanz

Fritz, J., Fehr, W (Hrsg) Computerspiele virtuelle Spiel – Lernwelten, 2003, Bundeszentrale für politische Bildung, Bonn

Fritz, J., Warum Computerspiele faszinieren Empirische Annäherung an Nutzung und Wirkung von Bildschirmspielen, 1995, Juventa Verlag, Weinheim-München

Fromme, J Meder N (Hrsg), Bildung und Computerspiele, 2001, Opladen, Leske und Budrich,

Grünbichler, B, Lost in Cyberspace,2008, Norderstedt, Books on demand

Geyer, S, Computerspiele Gewalt und Terror Managemen Grundlagen Theorie Praxis, 2006, VDM Verlag Dr. Müller, Saarbrücken

Grossmann, D, De Gaetano, G, Wer hat unseren Kindern das töten beigebracht Ein Aufruf gegen Gewalt im Fernsehen Film und Computerspielen, 2002. Verlag freies Geistesleben, Stuttgart

Hardt, J, Cramer-Düncher, U, Ochs M (Hrsg), Verloren in Virtuellen Welten Computerspielsucht im Spannungsfeld von psychotherapie und Pädagogik, 2009 Vandenhoek & Ruprecht, Göttingen

Hartmann, T, Schluss mit dem Gewalttabu Warum Kinder ballern und sich prügeln müssen, 2007, Eichborn, Frankfurt a. M

Heuer, L Die Bilder der Killerspieler Machininmas Computerspiele als kreatives Medium,2009, Marburg, Tectum Verlag

Kaminski, W, Witting T, Digitale Spielräume Basiswissen Computerspiele, 2007, Kopaed, München

Köhler, E Computerspiele und Gewalt Eine psychologische Entwarnung, Springer Verlag,2008, Berlin-Heidelberg

Ladas, M, Brutale Spiele® ? Wirkung und Nutzen von Gewalt in Computerspielen,2002, Frankfurt am Main, Peter Lang Verlag

Lischka, K, Spielplatz Computer Kulturgeschichte und Ästhetik des Computerspiels, 2002, Heise, Hannover

Mayer, M, Artikel Spiel versus Wirklichkeit in Zeitschrift Gamestar 03/2010, Verlag, München

Mogel, H, Psychologie des Kinderspiels von frühesten Spielen bis zum Computerspiel, 2008, Spritzer Medizin Verlag, Heidelberg

Mößle, T, Kleinmann, M, Rehbein, F, Bildschirmmedien im Alltag von Kindern und Jugendlichen: Problematische Mediennutzungsmuster und ihr Zusammenhang mit Schulleistungen und Aggressivität, 2007, Baden-Baden, Nomos,

Petry, J pathologisches Glücksspielverhalten, 2007, Geesthacht, Neuland-Verlagsgruppe

Poppelreuther, S, Gross, W (Hrsg), Nicht nur Drogen machen süchtig Entstehung und Behandlung von Stoffungebundenen Süchten, 2000, Weinheim, Belz

Quandt, T, Wimmer J, Wolling J (Hrsg), Die Computerspieler, Studien zur Nutzung von Computergames, 2008, Wiesbaden, Verlag für Sozialwissenschaften

Kunczik, Michael, Zipfel Astrid, Medien und Gewalt ein Studienhandbuch, 2006, Köln, UtB Verlag

Kutner, Laurence Olson, Cheryl K. Grand theft childhood the suprising thruth about violent video games and what parents can do, 2008, New York, Simon and Schuster Verlag

Kladzinski M (Hrsg.), Krieg in Bildschirmmedien, 2005, München, Kopaed Verlag

Kyriakidis, N, Fun Anyone !, Jugendliche Sozialisation und die Faszination von Computerspielen, 2005, Bochum, Europäischer Universitätsverlag

Raschke, M, Im Computerspiel bin ich der Held Wie virtuelle Welten die Indentitäsentwicklung von Jugendlichen beeinflussen,2007, Diplomica Verlag

Rathgeb, T, Feierabend S, JIM Studie, 2009, Medienpädagogischer Forschungsverband Südwest, Stuttgart

Rathgeb, T, Feierabend S, KIM Studie, 2008, Medienpädagogischer Forschungsverband Südwest, Stuttgart

Rehbein, F, Kleinmann T, Mößle, M, Computerspielabhänigkeit im Kindes und Jugendalter, Kfn Forschungsbericht Nr. 108, 2009 Kriminologisches Forschungsinstitut Niedersachsen

Rittmann, T, MMORPGS als virtuelle Welten Immersion und Repräsentation, 2008, Verlag Werner Hülsbusch, 2008, Boizenburg

Rötzer, F, Virtuelle Welten und reale Gewalt, 2003, Verlag Heinz Heise, Hannover

Spitzner, M, Vorsicht Bildschirm Elektronische Medien, Gehirnentwicklung, Gesundheit Gesellschaft, 2006, dtv, München

Steckel, R Aggression in Videospielen,1998, Münster New York München, Waxmann Verlag

Strüber, Sebastian, Computerspiele als Aggressor, 2006, Berlin, Verlag Dr. Müller

Thalemann, R, Grüsser, S Computersüchtig Rat und Hilfe für die Eltern, 2008, Bern, Verlag Huber

Trippe, R, Virtuelle Gemeinschafen in Online Rollenspielen Eine empirische Untersuchung der sozialen Strukturen in MMORPGS, 2009, Lit Verlag, Berlin

Willoughby, T, Wood E, Childrens learning in digital world, 2008, Malden USA, Blackwell Publications

Witting, T, Wie Computerspiele uns beeinflussen, 2007, München, Kopaed Verlag

Zimmermann, O Geißler, T, Streitfall Computerspiele: Computerspiele zwischen kultureller Bildung, Kunstfreiheit und Jugendschutz, 2008, Deutscher Kulturrat, Berlin

Internetquellenverzeichnis

<u>Presseartikel</u>

Draxler, An der Grenze zwischen Kunst und Spiel, vom 08.01.2010
http://www.zeit.de/kultur/kunst/2010-01/computerspiel-frontiers, abgerufen am 16.03.2010

Fehrenbach, Im Utopielabor, vom 02.08.2009
http://www.heise.de/tp/r4/artikel/30/30738/1.html, abgerufen am 10.02.2010

Frickel, Killerspiele Debatte flammt wieder auf, vom 12.03.2009,
http://www.focus.de/digital/games/amoklauf-killerspiele-debatte-flammt-wieder-auf_aid_379561.html, abgerufen am 30.03.2010

Graf, 5 Jahre World of Warcraft, vom 23.11.2009,
http://www.gamestar.de/specials/reports/2310751/world_of_warcraft.html gesehen am 09.02.2010

Güßgen, Spiele beeinflussen die Psyche, vom 26.04.2007 http://www.stern.de/panorama/2-christian-pfeiffer-zu-killerspielen-die-spiele-beeinflussen-die-psyche-587888.html, abgerufen am 30.03.2010

Hennis, Computerspielsucht Verloren in der virtuellen Welt vom 12.08.2008,
http://www.focus.de/schule/familie/freizeit/gamelexikon/tid-11405/computerspielsucht-verloren-in-der-online-welt_aid_323369.html, abgerufen am 08.02.2010

Höhmann, Internetsucht wird zum Massen-Phänomen, vom 23.07.2007
http://www.welt.de/politik/article1048919/Internetsucht_wird_zum_Massen_Phaenomen.h
tml , aberufen am 31.03.2010

Krücken, Game over für Computerspielsucht, vom 10.08.2009,
http://www.tagesspiegel.de/medien-news/digital/Spielsucht-Computer;art303,2868892,
abgerufen am 08.02.2010

Langer, World of Warcraft und kein Ende, vom 04.09.2009,
http://www.gamersglobal.de/report/world-of-warcraft-und-kein-ende?page=0,2, abgerufen
am 09.02.2010
http://www.gamersglobal.de/report/world-of-warcraft-und-kein-ende?page=0,3, abgerufen
am 09.02.2010

Lehn, Die meisten Spielsüchtigen sind Hauptschüler, vom 25.11.2007,
http://www.welt.de/politik/article1398968/Die_meisten_Spielsuechtigen_sind_Hauptschue
ler.html, abgerufen am 30.03.2010

o.V. Behandlung gegen Onlinesucht, vom 13.01.2010,
http://www.fuldaerzeitung.de/newsroom/kinzigtal/Kinzigtal-Behandlung-gegen-Online-
Sucht;art40,224689, abgerufen am 16.02.2010

o. V. Hessen flächendeckende Beratungsangebote für Computerspielsucht, vom
29.05.2009,
http://www.tk-online.de/tk/hessen/pressemitteilungen-2010/pressemitteilungen-
2009/166126, abgerufen am 16.02.2010

o.V In die Klinik wegen Joystik, vom 13.06.2006,
http://www.stern.de/digital/computer/computerspielsucht-in-der-klinik-weg-vom-joystick-
563083.html, abgerufen am 16.02.2010

o.V. Sydney Morning Herald Interview mit der Cheryl Olson vom 12.05.2008
http://blogs.smh.com.au/screenplay/archives//018145.html, abgerufen am 26.03.2010

o.V. Spielen bis zum Zusammenbruch, Artikel über Smith& Jones Klinik Amsterdam, vom
13.06.2006,
http://www.faz.net/s/RubCD175863466D41BB9A6A93D460B81174/Doc~E7A48C7A557
2444C1A2520FD355C1F060~ATpl~Ecommon~Scontent.html, abgerufen am 08.02.2010

o.V. Tod nach dem WoW-Spielemarathon, Nachricht vom 06.11.2005,
http://www.computerbase.de/news/software/spiele/2005/november/tod_wow-
spielemarathon, abgerufen am 08.02.2010

wissenschaftliche Artikel

Cypra, Warum spielen Menschen in Virtuellen Welten, Juni 2005
http://www.staff.uni-mainz.de/cyprao/ abgerufen am 22.02.2010

Fritz, Action, Lebenswelten und Transfer, von 23.02.2003
http://www.sw.fh-koeln.de/wvw/downloads/medien%2Berziehung.pdf, abgerufen am
23.02.2010

Fritz, Lebenswelt, vom 06.12.2005
http://www.bpb.de/popup/popup_bild.html?guid=ZJK848&x=540&y=720, abgerufen am
23.02.2010

Fritz, Wie virtuelle Welten wirken, vom 06.12.2005
http://www1.bpb.de/themen/OI6VDV,3,0,Wie_virtuelle_Welten_wirken.html#art3,
abgerufen am 22.02.2010
http://www1.bpb.de/themen/OI6VDV,6,0,Wie_virtuelle_Welten_wirken.html#art6,
abgerufen am 22.02.2010

Fritz, Zwischen Frust und Flow,vom 06.12.2005
http://www1.bpb.de/themen/8GADVU,2,0,Zwischen_Frust_und_Flow.html#art2,
abgerufen am 04.03.2010
http://www1.bpb.de/themen/8GADVU,6,0,Zwischen_Frust_und_Flow.html#art6,
abgerufen am 17.02.2010

Fritz, Misek-Schneider, Computerspiele aus der Perspektive von Kindern und
Jugendlichen, von 1995
http://snp.bpb.de/referate/fritzfzt.htm, abgerufen am 02.03.2010

Klotz, Onlinespiele Korrelate und Konsequenzen vom Februar 2008,
http://barbara.patrickkorte.de/Onlinerollenspiele%20-
%20Korrelate%20und%20Konsequenzen.pdf, abgerufen am 22.02.2010

Rosser u.a, The impact of videogames on training surgeons in the 21 century, von 20074,
http://archsurg.ama-assn.org/cgi/reprint/142/2/181, abgerufen am 10.03.2010

Wiemken, Sind Computerspiele Spiele ?, von 2001, http://snp.bpb.de/referate/wiespie.htm,
abgerufen am 01.03.2010

Artikel aus Politik und Kultur

Bettin, Reader Gefangen im Netz, vom 21.05.2007, http://www.gruene-
bundestag.de/cms/archiv/dok/203/203642.reader_gefangen_im_netz_wo_beginnt_die_s@e
n.html, abgerufen am 09.02.2010

Reithmeier, Verloren wie Computerspiele unser Kinder verführen, vom 27.10.2009
http://www.bllv.de/Computerspielsucht.4864.0.html, abgerufen am 16.02.2010

o.V. Antrag über die Annerkennung von Onlinesucht, vom 16.12.2008,
http://www.bundestag.de/bundestag/ausschuesse/a22/berichte/onlinesucht/bericht.pdf,
abgerufen am 09.02.2010

o.V. Antrag zur Förderung von Computerspielen und Stärkung von Medienkompetenz, vom 12.02.2008 http://dip21.bundestag.de/dip21/btd/16/080/1608033.pdf 03.03.2010

o.V. Deutscher Computerspielpreis Kathegorien, Datum nicht fesstellbar, http://www.deutschercomputerspielpreis.de/4.0.html, abgerufen am 03.03.2010

o.V. Deutscher Computerspielpreis, Pressemitteilung über die Gewinner des ersten deutschen Computerspielpreises, vom 01.04.2009 http://www.deutschercomputerspielpreis.de/43.0.html abgerufen am 03.03.2010

o.V. Deutscher Kulturrat, Computerspiele sind nicht nur ein Wirtschaftsgut sondern auch ein Kulturgut, vom 17.08.2009 http://www.kulturrat.de/detail.php?detail=1630&rubrik=72, abgerufen am 03.03.2010

o.V. Drogen und Suchtbericht 2009, vom 04.05.2009 http://www.bmg.bund.de/SharedDocs/Pressemitteilungen/DE/Drogenbeauftragte/2009/09-05-04_20Drogen-_20und_20Suchtbericht_202009.html

Informationsseiten

o.V Alterskennzeichen der USK, von 2009, http://www.usk.de/media/pdf/215.pdf, abgerufen am 29.03.2010

o.V Computerspielsseite der Bundeszentrale für politische Bildung, Datum nicht feststellbar, www.spielbar.de, abgerufen am 23.03.2010

o.V. Hilfe zur Selbsthilfe bei Onlinesucht.ev., Datum nicht feststellbar, www.onlinesucht.de, abgerufen am 16.02.2010

o.V Frontiers Serious Game, Datum nicht feststellbar http://www.frontiers-game.com/, abgerufen am 16.03.2010

o.V Frontiers in den Tagesthemen vom 10.03.2010 http://frontiers-game.blogspot.com/2010/03/press-review-german-ard-tagesthemen.html, abgerufen am 16.03.2010

o.V. LAN-Partys für Eltern, vom 06.04.2010, http://www.spielbar.de/neu/2010/04/medienpadagogische-workshops-lan-partys-fur-eltern-2010/, abgerufen am 20.04.2010

o.V. Überblick über den Stand der Forschung zur Computerspielsucht, Datum nicht feststellbar, http://jugendnetz-berlin.de/ger/schlaglichter/themen/medien_sucht/computerspielsucht.php?navanchor=1010195, abgerufen am 08.02.2010

o.V. Spieleratgeber NRW, Datum nicht feststellbar www.spieleratgeber-nrw.de, abgerufen am 23.03.2010

o.V. Spielraum, Institut zur Förderung von Medienkompetenz der Fachhochschule Köln, Datum nicht feststellbar
http://www1.fh-koeln.de/spielraum/start/, abgerufen am 24.03.2010

o.V Verteilung der Altersfreigaben der USK im Vergleich, von 2010,
http://www.usk.de/images/1009_bg.png, abgerufen am 29.03.2010

Sonstiges

o.v Langenscheits Fremdwörterlexikon, Datum nicht feststellbar
http://services.langenscheidt.de/fremdwb/fremdwb.html, abgerufen am 02.03.2010

o.V World of Warcraft Forum, Umfrage zur Erhebung von Computerspielsucht, vom 18.09.2009http://forums.wow-europe.com/thread.html?topicId=10920782405&sid=3, abgerufen am 08.02.2010

o.V. World of Warcraft zählt mehr als 11 Millionen Abonnenten, vom 28.10.2008
http://eu.blizzard.com/de-de/company/press/pressreleases.html?081028, abgerufen am 09.02.2010

Autorenvita

Zur Person

Christian Schmitt wurde 1984 in Heppenheim an der Bergstraße geboren

Ausbildung

Nach einer Berufsausbildung in einem kaufmännischen Beruf entschied sich der Autor zu einem Studium in Sozialpädagogik.

Berufliche Tätigkeiten (Erfahrungen aus Praktika)

Während des Studiums konnte der Autor bereits Erfahrungen beim Praktikum in einer Erziehungsberatungsstelle sowie eine Tätigkeit als Kinderbetreuer sammeln

Bezug zum Buchthema

Durch persönliche Erfahrungen, einem großen Interesse an medienpädagogischen Themen, sowie der Anregung durch eine Praxisanleiterin entwickelte der Autor das Thema seiner Abschlussarbeit. Weiterhin war es dem Autor von großer Wichtigkeit ein Thema mit aktuellem Bezug zu bearbeiten.